LE SÉDUCTEUR,

COMÉDIE

EN CINQ ACTES ET EN VERS.

LE SÉDUCTEUR,

COMÉDIE

EN CINQ ACTES ET EN VERS;

Représentée à Fontainebleau, devant SA MAJESTÉ, le 4 Novembre 1783, et à Paris le 8 du même mois.

PAR M'. le Marquis DE BIEVRE.

Ille ego qui quondam.........

Le prix est de trente sols.

A PARIS,

CHEZ PRAULT, IMPRIMEUR DU ROI,
Quai des Augustins, à l'Immortalité.

1783.

A MONSIEUR.

MONSEIGNEUR,

VOTRE NOM, si cher aux Lettres, protege véritablement tous ceux qui les cultivent & qui ont l'avantage de vous appartenir. Il semble que sous cet abri puissant ils ne doivent plus redouter les dangers auxquels

ÉPITRE DÉDICATOIRE.

ils s'exposent par la publication de leurs Ouvrages. C'est d'après cette experience heureuse que j'ose vous présenter cette Comédie. La nouvelle adoption dont vous daignez l'honorer lui fera sans doute obtenir, à la lecture, la même faveur qui l'a soutenue au Théatre. Mais mon plus grand succès, MONSEIGNEUR, seroit de vous faire agréer ce foible tribut, comme l'expression de tous les hommages que je ne puis vous offrir qu'au fond du cœur.

Je suis avec le plus profond respect,

de MONSIEUR,

Le très-humble & très-obéissant serviteur,
DE BIEVRE.

PRÉFACE.

L'IMPRESSION qu'a fait cette Comédie, la rend digne peut-être d'un examen un peu réfléchi. Je desire que des Littérateurs honnêtes & éclairés en fassent l'objet de leur attention, tant pour mon instruction particulière, que pour le bien de l'art en lui-même : car je ne voudrois devoir que de la reconnoissance à mes Juges. Je n'entreprendrai point de défendre mon Ouvrage qui n'est pas sans doute à l'abri de la critique : mais j'avoue que j'y ai déployé toutes mes forces, & que, depuis plus de six ans qu'il est terminé, je ne l'ai trouvé susceptible que de très-légers changemens. Voilà le véritable motif qui m'engage à rechercher les conseils qu'un goût sûr & impartial voudra bien me donner.

Pour mettre le Lecteur à portée de juger plus facilement de l'exécution & du choix de mes intentions, je dois peut-être les déclarer ici. Dans une époque où la séduction semble être devenue l'objet d'une étude profonde, j'ai pensé qu'il n'étoit pas inutile pour les mœurs de mettre au jour quelques-uns des secrets de cet art terrible. De cette intention première

PRÉFACE.

dérivent toutes les autres, & elles sont indiquées très-clairement dans ma Comédie :

> Mais le monde est un jeu. Dans le siècle où nous sommes,
> Par les vices adroits les mœurs ont tout perdu,
> Et ce n'est que l'esprit qui sauve la vertu.

C'est ce principe que j'ai voulu mettre en action, & qui a déterminé le choix de ceux de mes personnages qui succombent ou résistent à raison de leur expérience & de leur esprit. Mais le véritable but moral de la Pièce & celui qui me l'a fait entreprendre, le voici :

> Dieu, quel foible secours garantit l'innocence!
> De la séduction quelle est donc la puissance,
> Si la crainte peut seule éloigner du devoir
> Un cœur infortuné réduit au désespoir ?

Des critiques qu'on a déja faites sur cette Comédie, je ne répondrai qu'à celle d'un homme de lettres, dont j'honore infiniment les lumières & les talens, qui auroit désiré que j'eusse motivé & prononcé davantage la colere du pere au quatrième Acte. C'étoit aussi le sentiment de mon bon ami *M. Collé*, que je viens de perdre; mais j'ai pensé qu'il étoit dans la nature de rejetter toujours sur les autres les torts de notre crédulité, & que le Séducteur devenoit bien plus adroit en

PRÉFACE.

ne lui laiſſant qu'une très-foible donnée pour entourer Roſalie de malheurs & la perſuader.

Je ne me juſtifierai point de ce qu'on a dit ſur le Valet Philoſophe. Les Valets Marquis n'ont révolté perſonne, & la Société les a ſoufferts ſur la ſcène avec beaucoup de philoſophie : mais c'eſt ſur-tout de l'acception moderne du mot *penſeur* que j'ai voulu venger les Gens de lettres. C'eſt de tout mon cœur que j'ai jetté un ridicule ſur ce titre par le nom même de *Zéronès*, *qui a été Laquais*, *qui n'a point lu l'hiſtoire*, *qui ne lit pas de vers*, *qui n'a rien écrit*, *qui ne ſait point l'ortographe*, & qui cependant trouve à dîner, parce qu'il a *dit au Public qu'il étoit Philoſophe*. Ceux qui ſe reconnoîtront à ce portrait ne méritent pas aſſurément que je leur en faſſe mes excuſes.

Il eſt ſenſible que je dois à l'Auteur de *Clariſſe* quelques traits, quelques ſituations même de cette Comédie, & ſur-tout le caractère principal, que j'ai toutefois revêtu de nos couleurs & des formes de l'époque actuelle : mais le génie bien plus rare que j'ai cité au troiſième Acte, parce que ſon nom immortel eſt ſouvent ſur mes lèvres & toujours dans mon cœur, eſt le ſeul qui m'ait conduit dans mon travail, & je ſens bien que je ne dois mon ſuccès qu'aux efforts,

PRÉFACE.

que j'ai faits pour m'élever jufqu'à lui. On m'a fu gré du moins de l'avoir tenté. Je déplorois depuis longtems l'illufion qui nous empêche de fentir à quel point nous devons nous arêter dans les Arts. Si les hommes avoient cet avantage, il y a longtems que les véritables principes feroient fixés dans tous les genres & dans tous les lieux : mais l'efprit humain eft animé par une force qui le porte toujours en avant : il ne mefure fes progrès que fur la longueur du terrein qu'il parcourt ; & par-tout, fur la route, c'eft toujours l'amour propre qui nous conduit. En laiffant derrière nous les générations qui nous ont précédés, nous croyons aller plus loin qu'elles : mais, au moral comme au phyfique, la Nature nous a jettés fur un plan circulaire où la perfection occupe un bien petit efpace. C'eft le midi de notre courfe. Au-delà, nous retombons par degrés dans l'obfcurité d'une nuit profonde ; & l'amour-propre infatigable qui nous y a précipités nous ramène enfuite à la clarté du jour. C'eft ainfi que ce mobile univerfel compenfe le bien & le mal qu'il nous fait. Peut-être ne faut-il pas nous en plaindre. S'il ceffoit un moment de nous entraîner, qui fait le dégré du cercle où il arrêteroit notre courfe ! Il eft à croire que ce feroit au point central de la nuit, car c'eft-là que nous l'écoutons avec le plus de complaifance ; c'eft-là que la fumée la plus épaiffe nous environne ; c'eft enfin dans le vuide qu'il doit occuper le plus d'efpace. Il eft cependant bien étonnant que les révolutions, qui ont amené & détruit les fiècles de Périclès, d'Augufte & de Léon X, ne nous aient pas mis dans le fecret de ces grands changemens, & que nous faffions tant d'efforts pour fortir du mouvement du fiècle de Louis XIV. C'eft aux ames fortes & vigoureufes à ramener les beaux jours des Arts dans ma Patrie, en la forçant à retourner en arrière. J'entrerai volontiers dans cette noble conjuration, & je me ferai même un devoir de reconnoître pour chefs tous ceux qui en font plus dignes que moi.

PERSONNAGES.

LE MARQUIS.   Mr. MOLÉ.

ORGON.   Mr. DESESSART.

ROSALIE, fille d'Orgon. Mlle. OLIVIER.

ORPHISE, jeune veuve, amie de Rosalie. } Mlle. CONTA.

DAMIS, ami d'Orgon. Mr. FLORENCE.

MÉLISE, de la société d'Orgon, engagée avec Damis. } Mme. SUIN.

DARMANCE, amant de Rosalie. Mr. FLEURY.

ZÉRONÈS, prétendu Philof. Mr. DUGAZON.

UN MAÎTRE-D'HÔTEL.

UN DOMESTIQUE.

PLUSIEURS VALETS, personnages muets.

La Scène est à la Campagne, dans un Château d'Orgon, aux environs de Paris.

LE SÉDUCTEUR,
COMÉDIE.

ACTE PREMIER.

(*Le Théâtre repréfente un Sallon.*)

SCENE PREMIERE.
LE MARQUIS, ZÉRONÈS.

ZÉRONÈS.

Des dehors affectés un Sage se défie.
Rien n'échappe aux regards de la Philofophie.
Oui, Monfieur le Marquis, vous êtes amoureux,
J'ai pénétré ce cœur où brûlent tant de feux.
Quoi! pour fix mois entiers, laiffer la Cour, la Ville,
Et venir habiter la retraite tranquille
Du bon Monfieur Orgon! je n'en puis revenir.

LE MARQUIS.

O mon illuftre ami, daignez vous fouvenir
Qu'après avoir été Laquais de feu mon pere,
Je vous ai fait monter au rang de Secrétaire.

A

Bientôt, changeant d'état, le titre de favant
Vous a fait adopter dans le monde ignorant.
Comme nous aujourd'hui je vous y vois paroitre;
Et le Valet enfin figure auprès du Maitre.
Pour donner plus d'éclat à vos brillans fuccès,
Je vous ai décoré du nom de Zéronès.
Eh! bien, me ferez-vous époufer Rofalie?
Je vous promets chez moi les douceurs de la vie,
Ma table, un logement, mes chevaux au befoin,
Des livres, tout enfin : mais, fans aller plus loin,
J'attends de vous ici cette reconnoiffance.

ZÉRONÈS.

Vous favez que mes foins vous font acquis d'avance.
Vous avez pris, Monfieur, le chemin de mon cœur.

LE MARQUIS.

Vous avez donc cru voir, Philofophe penfeur,
Que j'étois confumé par une belle flamme?
Dix ans d'expérience épuifent bien une ame,
Mon cher : que voulez-vous ? les femmes m'ont perdu.
Dans mes premiers beaux jours, complaifant, affidu,
D'une candeur fur-tout et d'une bonhommie
Qui couvroit la moitié des écarts de leur vie;
Etudiant leurs goûts, adorant leurs défauts,
Pour leur plaire, oubliant mon état, mon repos,
Mettant à leurs faveurs, effets de leurs caprices,
Le prix qu'on met à peine aux plus grands facrifices,
Je devois me flatter de rencontrer un jour
Un cœur digne du mien, digne de mon amour.

COMÉDIE.

Eh bien! que m'ont produit tant de droits pour leur plaire!
Des ennuis, des degoûts, une éternelle guerre.
Avec quel art cruel et quels rafinemens
Elles étudioient mes secrets sentimens
Pour se faire un plaisir d'empoisonner ma vie!
Tous les ressorts cachés de la coquetterie.
Semblent contre mon cœur avoir été tournés :
Les refus outrageans, les dédains combinés,
Les remords affectés qui suivoient leur defaite,
Et toujours pour cacher quelque intrigue secrete ;
Tout, en me déchirant, les faisoit triompher.
Mais quand j'etois aimé, c'étoit un autre enfer!
Reproches fatiguans, stupide jalousie,
Emportemens affreux, désespoir, frénésie,
De tous ces traits cruels je me suis vu frapper,
Quand j'ignorois encor que l'on pouvoit tromper.
Eh! bien, mon cher docteur, c'est ainsi que les femmes
Traitent les bonnes gens, et les crédules ames.
Aujourd'hui que mon cœur, se donnant avec art,
Obéit à ma tête ou voltige au hasard,
Que celle à qui je parle est toujours la plus belle,
Elles ont la fureur de me croire fidele.

ZÉRONÈS.

C'est malheureux. Monsieur, vous êtes avancé ;
Et vous avez tiré grand parti du passé.

LE MARQUIS.

Ne pouvant les changer, ce que j'avois à faire
Étoit de me former un autre caractere.

A ij

Je les aime toujours ; mais libre, indépendant,
J'ai repris sur moi-même un entier ascendant.
J'ai le cœur plus tranquille et l'esprit plus aimable....
Dans ce vague charmant, ce désordre agréable,
Il m'arrive, par fois, des accidens heureux
Qui m'étonnent moi même et confondent mes vœux.

   Ce matin, agité d'une amoureuse flamme,
Seul, cherchant un objet pour épancher mon ame,
J'écrivois. Tour-à-tour Lise, Éliante, Églé,
Célimene s'offroient à mon esprit troublé :
Je ferme ce billet rempli de ma tendresse ;....
Et le nom de Lucinde est tombé sur l'adresse.

ZÉRONÈS.

Je crois que cela vient des fibres du cerveau.
Je le démontrerai dans un Livre nouveau.
Votre principe est bon ; mais la Philosophie.....

LE MARQUIS.

Eh ! qu'en ai-je besoin ! Les hasards de la vie
Ne peuvent de mon sort altérer les douceurs.
Quand mon corps est souffrant, quelquefois des vapeurs
Me peignent les objets avec des couleurs sombres.
Eh bien ! je rends alors grace à l'effet des ombres :
Bien sûr, en recouvrant ma force et ma santé,
De voir tous les objets des yeux de la gaieté :
De trouver la Nature et les saisons plus belles,
Les hommes plus parfaits, les femmes plus fideles.

ZÉRONÈS.

Oh ! je réponds de vous dans l'âge de jouir.

Vous êtes éclairé: mais je vois tout finir;
Et de votre bonheur le temps tarit la source.

LE MARQUIS (*vivement.*)

Après l'amour, le vin deviendra ma ressource.
Je veux de mes vieux ans ne faire qu'un sommeil,
Et prévenir toujours le moment du réveil.

ZÉRONÈS.

Allons, je le veux bien: nous logerons ensemble;
Ainsi tous deux d'accord....

LE MARQUIS.

     Docteur, que vous en semble?
Suis-je digne de vous?... Il faut nous arranger.
Des hommes seulement vous pourriez vous charger.
Faisons notre partage. Affranchissez leurs ames;
Moi, je me chargerai des préjugés des femmes....
Auprès d'Orgon déjà croyez-vous réussir?

ZÉRONÈS.

Oui: j'ai tout préparé. Je l'ai fait revenir
De ses préventions; et même la famille
Sera bientôt d'accord pour vous donner sa fille.
Il me dit tous les jours, de la meilleure foi,
Qu'il ne peut se passer ni de vous ni de moi:
Que la terre de pleurs seroit une vallée,
Si les Savans jamais ne l'avoient consolée.
De la société je l'ai souvent distrait.
Chaque Livre qu'il lit, j'en demande l'extrait;

Et même en ce moment je sais qu'il s'étudie
A faire un Abrégé de l'Encyclopédie.
Enfin, nous le tenons : mais ces Dames....

LE MARQUIS.

Je croi
Qu'elles cessent aussi de médire de moi.
Elles me déchiroient, Dieu sait ; et je soupçonne,
Avec justes raisons, que la jeune personne
S'est permis contre moi d'incroyables discours.
Il est vrai cependant que, depuis plusieurs jours,
Cette petite haine a moins de violence :
Mais je n'ai pas le don d'oublier une offense.
La sienne m'est présente, et je pourrois songer
Si c'est en l'épousant que je dois me venger.

ZÉRONÈS.

Il faut attendre encor le progrès des lumieres.
Le préjugé subsiste : il ne durera gueres,
Nous nous en occupons : mais les Législateurs
Sont toujours en querelle avec les vieilles mœurs ;
Et rien n'avancera, tant que le Ministere
Ne nous confiera pas le bonheur de la terre.

LE MARQUIS.

Avez-vous déjà fait quelques ouvrages ?

ZÉRONÈS.

Non :
Mais j'ai déjà beaucoup de réputation.

COMÉDIE.

LE MARQUIS.

En ce cas-là, Docteur, gardez-vous bien d'écrire.

ZÉRONÈS.

Nous verrons ; mais d'abord il faut ici m'inftruire.
Quelle eft votre fortune ?

LE MARQUIS.

Elle eft bien, et dans peu,
Mon Intendant m'a dit que, fans compter le jeu,
Les femmes et les dons d'une vieille parente,
Je pourrois bien avoir vingt mille écus de rente,
Et que je ne devrois que neuf cens mille francs.

ZÉRONÈS.

Je vois, dans tout cela, peu de deniers comptans.
Hafardez, croyez-moi, ce que je vous propofe.
Epoufer eft plus fur. Je ne crains qu'une chofe ;
Vous avez bien brouillé les deux jeunes amans ;
Mais un rien rétablit les premiers fentimens,
Et de l'homme moral l'étude approfondie,
Me fait craindre un retour du cœur de Rofalie.

LE MARQUIS.

Peut-être qu'en effet, ils s'aiment : mais enfin,
Je les étourdis tant qu'ils n'en favent plus rien.
J'ai d'abord attaqué la tête de Darmance.
J'ai jufqu'à mes fuccès porté fon efpérance.
Il débute fort bien : j'en fuis content : d'honneur,
Je crois appercevoir en lui mon fucceffeur.

A iv

Pour parvenir ensuite au cœur de Rosalie,
J'ai dans mes intérêts mis sa charmante amie......
Cette femme m'occupe : un jour même, en secret,
Je n'ai pu m'empêcher de voler son portrait,
Et j'aime à le revoir.
(*Regardant le Portrait, & le faisant voir à Zeronès.*)

                         Orphise est si jolie !
Ce seroit bien le cas d'une double folie...........
            (*Resserrant le Portrait.*)

Mais elles s'aiment trop : il n'est pas temps encor ;
Et ce seroit risquer d'échouer dans le port.
Enfin, je me suis fait amoureux de Mélise
Qui me prône, et, de peur qu'on ne la contredise,
Embrasse ma défense avec tant de chaleur
Qu'un jour son grave Amant en a pris de l'humeur.
Vous, Docteur, ayez l'œil sur tout ce qui se passe.
Employez la sagesse et j'employerai la grace.
Qui pourroit résister à nos efforts vainqueurs ?
Entrainez les esprits : je séduirai les cœurs.

            ZÉRONÈS.

Monsieur, je suis à vous et pour toute la vie.
Il faut des cœurs de bronze à la Philosophie.
Elle vous tend les bras : jettez-vous dans son sein.
Mais, j'apperçois Orgon,

COMÉDIE.

SCENE II.
LE MARQUIS, ORGON, ZÉRONÈS.

ORGON (*au Marquis.*)

Bon, mon ami : c'est bien.
Écoutez ce digne homme : et vous saurez, ensuite.
Sur quel plan vous devez régler votre conduite.
Il vous apprendra l'art de dompter vos desirs,
Et de vous détacher de tous les faux plaisirs.
Vivant dans ma retraite en pere de famille
Exempt d'ambition, adoré de ma fille,
Riche, n'ayant besoin de crédit, ni d'appui,
Je me croyois heureux : Eh ! bien, demandez-lui !
Vous n'imaginez point, graces à ses services,
Combien autour de moi je vois de précipices.
Ce n'est qu'en frémissant que j'ose faire un pas;
Et je crois que, sans lui, je ne bougerois pas.

LE MARQUIS.

Ah! Monsieur, rendez-moi tous mes droits sur votre ame.
Approuvez mes transports et couronnez ma flamme ;
Tous deux, de votre sort détournant les rigueurs,
Sur vos pas à l'envi nous semerons des fleurs.
Les soucis, les chagrins, la sombre inquiétude
N'approcheront jamais de votre solitude.
La sagesse les brave et sait les adoucir :
La gaieté les écarte, ou les change en plaisir.

LE SÉDUCTEUR,

ORGON (à *Zéronès*).

Qu'en pensez-vous ?

ZÉRONÈS.

Monsieur, si la Philosophie
Suffit pour résister aux dégoûts de la vie,
Je crois que dans un cœur ouvert à la gaité
La sagesse pénetre avec facilité.
Dans un terrein trop sec le grain ne germe gueres.
J'ai souvent là-dessus combattu mes confreres :
C'est notre côté foible ; ils n'ont pas disputé.
Mais il faut cependant garder sa dignité.
Le fort vous offre ici deux hommes de génie,
Tous deux séparément profonds dans leur partie :
Profitez du hasard qui les fait rencontrer.
L'occasion est belle ; il faut s'en emparer.

ORGON.

Vraiment, je le voudrois: je sens cet avantage;
Et même tout le monde à cet himen m'engage.

(*Au Marquis.*)

Sans savoir mes desseins, vous n'imaginez pas
Le bien qu'on dit de vous. Moi, j'écoute tout bas ;
Et j'en fais mon profit. Oh ! je vous tiens parole :
Pour cacher mon secret, j'ai bien joué mon rôle ;
Et je vois, à présent, que c'étoient des jaloux
Qui hasardoient ici des propos contre vous.
Aussi je me défends de trahir le mystere.
Pourtant je l'avouerai, (sans être trop sévere,)

Je veux, mon cher Marquis, vous éprouver encor.
Pardonnez: mais ma fille est mon plus cher tréfor.
Je l'aime; et, des erreurs qui trompent la vieilleffe,
Mon cœur a confervé cette feule foiblesse.
C'est beaucoup à mes yeux que d'être un grand Seigneur,
D'avoir un bel état, des talens, de l'honneur;
Ce feroit même affez pour toute autre famille:
Mais, pour être mon gendre, il faut aimer ma fille.
Restez donc avec nous: demeurez-y toujours.
La campagne est fuperbe, & voici les beaux jours.
Si vous avez affaire, il vous est très-facile,
En une heure au plus tard, de vous rendre à la ville;
Et, le foir, vous viendrez retrouver vos amis.

LE MARQUIS.

Vous me verrez toujours à vos defirs foumis.
Oui, je vous veux moi même apprendre à me connoître,
Tel que je fuis, Monfieur, non tel que je veux être.
Revenu des erreurs, ah! qu'il me fera doux
De terminer ma courfe en vivant avec vous!
Jeune encor, j'ai déjà fait un bien long voyage:
J'en apperçois le terme. Echappé du naufrage,
Je me vois dans vos bras avec ce doux tranfport
Qui s'empare de l'ame en arrivant au port.

ORGON.

Nous verrons: une chofe aujourd'hui m'embarraffe.
Darmance vient diner. Il est dur, à ma place,
De recevoir encor ce jeune homme chez moi.
Je m'étois avec lui conduit de bonne foi,

Comme avec vous. Déja j'étois près de conclure :
Ma fille lui plaisoit, et j'aimois sa tournure :
Au moment de signer, le fat a disparu.
Vous jugez qu'après lui nous n'avons pas couru.
On ne pardonne point de semblables offenses.
Mais j'aime ses parens : ils m'ont fait tant d'instances
Pour éviter l'éclat en rompant avec lui,
Qu'enfin j'ai bien voulu le revoir aujourd'hui.
Je ne sais que lui dire, et je crains ma franchise.
Je ne veux pas sur-tout désobliger Mélise,
Sa sœur.

LE MARQUIS.

On peut, sans bruit, éconduire les gens.
Un air froid avertit les moins intelligens.

ZÉRONÈS.

Je n'ai jamais été dans cette conjoncture :
Mais si j'appercevois....

ORGON.

J'entends une voiture.
Je gage que c'est lui.... resterai-je !.... ma foi,
Le plus sûr est d'aller me renfermer chez moi,
Je me méfie encor de ma philosophie,
Et je ne reviendrai qu'en bonne compagnie.

(*Il sort.*)

SCENE III.

LE MARQUIS, ZÉRONÈS.

LE MARQUIS, (*vivement à Zéronès prêt à suivre Orgon.*)

Profitez du moment pour en avoir raison.
Parlez de ce Duché promis à ma maison.
De mes ayeux sur-tout vantez-lui la mémoire,
Leurs faits d'armes....

ZÉRONÈS.

C'est que.... je n'ai pas lu l'Histoire.

LE MARQUIS.

Leurs noms sont consacrés dans mille écrits divers.
L'Apollon de nos jours....

ZÉRONÈS.

Je ne lis pas de vers.

LE MARQUIS.

Docteur, savez-vous lire ?

ZÉRONÈS.

Oui : mais....

LE MARQUIS.

Il est étrange
Qu'on puisse effrontément donner ainsi le change!

LE SÉDUCTEUR,

ZÉRONÈS.

Eh bien, que voulez-vous ? Je n'ai point de crédit,
Point de nom, de talens, je n'ai qu'un peu d'esprit.
Il faut un passe-port aux gens de mon étoffe ;
Et j'ai dit au Public que j'étois Philosophe.

LE MARQUIS.

C'est une porte ouverte à tous les ignorans.
On peut, sans aucuns frais, se mettre sur les rangs.
Dans le monde, un penseur n'a pas besoin d'écrire ;
Et même, à la rigueur, il pourroit ne rien dire.

ZÉRONÈS.

La Nature est mon livre : et, pour vous bien servir,
Jusques aux *errata* je vais le parcourir.

(*Il sort.*)

SCENE IV.
LE MARQUIS, UN DOMESTIQUE
(*apportant une Lettre.*)

LE DOMESTIQUE.

Monsieur, c'est un billet de cette jeune dame
Dont l'amant jaloux …

LE MARQUIS.
Donne. (*Il lit.*)

„ Je voudrois bien, Monsieur, vous faire part des
„ raisons qui m'ont empêchée de vous recevoir à Paris.

„ Vous aurez été fûrement étonné de trouver ma
„ porte fermée fi fouvent: mais vous favez que les
„ femmes ne font pas toujours tout ce qu'elles
„ veulent. J'apprends que vous êtes dans mon voifi-
„ nage, et je vous engage à venir me voir vers
„ quatre heures dans ma folitude «,

Ah! la charmante femme!

„ Plus tard je pourrois fortir ».

(Au Domeſtique.)

Demande mes chevaux à quatre heures.

LE DOMESTIQUE.

Suffit. (Il fort.)

LE MARQUIS (pourſuivant.)

„ Et demain je vais à Verfailles. Je voudrois ce-
„ pendant me juſtifier vis-à-vis de vous «.

Moi, je n'y fongeois plus.

„ Car s'il eſt dangereux d'être trop votre amie, il
„ eſt bien difficile de confentir à être votre ennemie.
„ Sauvez-moi de ces deux écueils, en acceptant ma
„ propofition «.

Mais comme c'eſt écrit!

„ Je vous prie de ne pas oublier de me rapporter
„ mon billet en venant me voir «.

Oh! oui: pour le premier je fais que c'eſt l'ufage.
Je le rendrai.

SCENE V.

LE MARQUIS, DARMANCE.

LE MARQUIS.

Darmance!.. ah! le petit volage!
Bon jour mon succeffeur. Eh! qui t'amene ici!

DARMANCE.

J'y viens à contre-cœur ; vous le jugez : auffi
Je ne fais qu'obéir aux ordres de mon pere.
L'accueil que je reçois n'eft pas fait pour lui plaire.
Tout le monde me fuit : il femble qu'avec moi
Je porte dans ces lieux l'épouvante & l'effroi.

LE MARQUIS.

Tu les as plantés-là fans nul préliminaire.

DARMANCE.

J'ai fuivi vos confeils.

LE MARQUIS.

Tu ne pouvois mieux faire :
Mais il étoit trop tard. Tu t'étois engagé
Au point de ne pouvoir demander ton congé,
Il a fallu le prendre. Auffi quelle folie
De vouloir triftement t'enchainer pour la vie,
Quand les femmes encor ne te refufent rien !
Attends qu'on t'ait quitté. Laiffe ce froid lien

Aux

COMÉDIE.

Aux êtres malheureux proscrits par la Nature,
De leur difformité qu'il répare l'injure.
Le matin de la vie appartient aux amours.
Sur le soir, de l'himen implorons le secours.
Ce Dieu consolateur est fait pour la vieillesse.
Il nous assure, au moins, les droits de la jeunesse :
Et la main d'une épouse, à son premier printems,
Fait naître encor des fleurs dans l'hiver de nos ans.
Mais prévenir ce terme, et choisir une belle
Pour languir de concert et vieillir avec elle,
C'est s'immoler soi-même, & c'est perdre en un jour
Les secours de l'himen & les dons de l'amour.

DARMANCE.

D'un sentiment plus doux mon ame possédée,
S'étoit fait de l'himen une toute autre idée.
Enfin, je me connois : l'art de séduire un cœur,
Est trop profond pour moi......

LE MARQUIS.

     Tu lui fais trop d'honneur.
Un art !..... Si tu savois ce que c'est que séduire !

DARMANCE.

Eh bien ! achevez donc tout-à-fait de m'instruire.
Si j'étois, comme vous, d'une illustre maison :
Si j'avois de l'éclat, des honneurs, un grand nom...

LE MARQUIS.

N'es-tu pas Gentilhomme ?

          B

LE SÉDUCTEUR,

DARMANCE.

Oui : mais mon origine,
N'est pas assez brillante ; il faut qu'on la devine ;
Et par-tout dans l'Histoire on trouve votre nom.
Près des femmes souvent c'est un titre :

LE MARQUIS.

Allons, donc :
C'est un titre.... au Marais, ou bien dans la Province ;
Mais ailleurs, mon ami, l'avantage est fort mince ;
Et sur le même plan l'Amour nous voit rangés.
C'est un Dieu Philosophe : il est sans préjugés.

DARMANCE.

Je le crois : mais au moins, il faut être à la mode.

LE MARQUIS.

Oui : c'est-là sûrement la meilleure méthode.
Mais, pour y parvenir, il ne te manque rien.
La Baronne, déjà, te reçoit assez bien,
Je crois ?

DARMANCE.

Cet amour-là ne remplit pas mon ame ;
Et j'ai bien de la peine à partager sa flâme.
Je ne sçais que lui dire.

LE MARQUIS.

Il faut la quereller.
Cela vaut toujours mieux que de ne point parler.
Tu ne peux pas trouver à lui faire une scène ?

COMÉDIE.
DARMANCE.

Pourquoi vouloir encore appéfantir fa chaîne,
Et, ne pouvant l'aimer, redoubler fon tourment?
J'aime mieux la quitter et parler franchement.

LE MARQUIS.

Parler franchement? Non.

DARMANCE.

     Mais que faut-il donc faire?

LE MARQUIS.

En prendre une autre: enfuite ébruiter l'affaire.
Pour que l'on te renvoye, il faut le mériter:
Car on ne doit jamais avoir l'air de quitter.
Il faut toujours tenir, jufqu'au moment propice
Où l'on parvient enfin à nous rendre juftice.

DARMANCE.

Je fuis perfuadé qu'elle pardonneroit.

LE MARQUIS.

Je ne fais pas... pourtant... oui: cela fe pourroit.
Eh! bien, il faut tâcher de la rendre infidèle,
De lui donner des torts. Moi, j'irois bien chez elle;
Mais le premier parti te réuffira bien.

DARMANCE.

C'eft encore une chofe où je ne conçois rien.

LE MARQUIS.

Tromper deux femmes?

       B ij

LE SÉDUCTEUR,

DARMANCE.

Oui.

LE MARQUIS.

Te semble difficile ?
A quoi te sert l'esprit ?

DARMANCE.

Le mien m'est inutile
Lorsque je veux tromper. Comment faites-vous donc
Pour mener, à la fois, deux intrigues de front ?
Il peut se rencontrer que dans une journée
On ait deux rendez-vous, la même après-dînée,
A la même heure enfin.

LE MARQUIS.

Premierement on peut
Se les faire donner à l'heure que l'on veut.
C'est un principe aisé qui s'apprend par l'usage,
Et qu'on ne devroit plus ignorer à ton âge.

DARMANCE.

Mais si vous recevez deux lettres ?

LE MARQUIS.

Ah ! ma foi,
Les épitres jamais ne me trouvent chez moi.
C'est bien assez d'avoir la peine de les lire,
Sans s'imposer encor la fatigue d'écrire.

Enfin, deux rendez-vous n'ont rien d'embarrassant.
Un sot se tireroit d'affaire en refusant :
Moi j'accepte toujours. Par-là, je me délivre
Des explications que les refus font suivre.
Deux femmes m'ont voulu pour le même moment ;
Je cours d'abord chez l'une avec empressement.
J'arrive un peu plutôt pour lui marquer mon zele ;
Et je fais naitre ensuite un sujet de querelle.
De violens soupçons me mettent en courroux.
Je suis outré : je cède à mes transports jaloux.
L'heure sonne : et je fuis de désespoir chez l'autre.
Puis le soir, on m'écrit : « Quel amour est le vôtre !
» Sans lui, je ne puis vivre : avec lui, je mourrai.
» Venez rendre le calme à mon cœur déchiré.
Je m'endors tendrement : et, dès que je m'éveille,
Je cours faire oublier les fureurs de la veille.

DARMANCE.

Oh ! je vois bien qu'il faut renoncer à l'honneur
De soutenir le nom de votre successeur.
Je manquerois l'ensemble et les détails du rôle.

LE MARQUIS.

Dans les commencemens, tu feras quelqu'école :
J'y compte, c'est le sort de tous les débutans :
Mais on se forme après. Il m'a fallu dix ans,
A moi, pour arriver. Je n'avois point de Maître.
J'étois tout seul : et toi, qui ne fais que de naitre,
Qui me suis, pas à pas sur un chemin frayé,
Dès le premier abord, je te vois effrayé.

LE SÉDUCTEUR,

DARMANCE.

Je ne suis pas heureux, j'en ignore la cause :
Mais je sens qu'à mon cœur il manque quelque chose....
Les toilettes ici se finissent bien tard !

LE MARQUIS.

On veut nous plaire.

DARMANCE.

On dit que, depuis mon départ,
Rosalie est toujours inquiete, rêveuse.

LE MARQUIS.

Point du tout : seulement elle est un peu honteuse.
Cela doit être.

DARMANCE.

On vient.

LE MARQUIS.

Tu changes de couleurs !

DARMANCE.

Oui, je crains tout le monde, & Damis & ma sœur ;
Tout ce que j'ai quitté ; mais sur-tout Rosalie,
Et l'œil observateur de sa fidele amie.

(à part.)

Les voici : je frissonne.

SCENE VI.

ROSALIE, ORPHISE, DAMIS, MÉLISE, LE MARQUIS, ORGON, ZÉRONÈS, DARMANCE, UN MAITRE D'HOTEL.

ORGON (*arrivant le premier & se détournant vers la coulisse dont il sort.*)

Où portez-vous vos pas,
(*à demi voix & à part.*)
Mesdames ! Le diner..... Ne me quittez donc pas.

ROSALIE. (*à part à Orphise.*)

Je m'avance en tremblant, mon amie : il me semble
Que j'aurois mieux aimé ne les pas voir ensemble.

ORGON. (*à Darmance très-froidement.*)

(*aux Dames*)
Monsieur, je vous salue.... Eh ! bien, le cher Marquis
Veut nous sacrifier les plaisirs de Paris.
Nous le posséderons tout l'été, tout l'automne.
(*au Marquis*)
Ces Dames en doutoient.

LE MARQUIS.

Quoi ! cela vous étonne ?
Ah ! tout ce que Paris a de plus précieux,
Mesdames, je le vois rassemblé dans ces lieux.

LE SÉDUCTEUR.

Les graces de l'esprit, les qualités de l'ame;
(*en montrant Melise.*)
Les talens enchanteurs.

MÉLISE. (*à part à Damis.*)

Il est charmant.

DAMIS. (*avec contrainte.*)

Madame.....

LE MARQUIS. (*en montrant Orgon.*)

Je vois un pere tendre, un guerrier plein d'honneur,
De nos preux Chevaliers retraçant la candeur,
Et cette intégrité digne du premier âge
De la France naissante.

ORGON. (*à Zéronès.*)

Il est loyal.

LE MARQUIS. (*en montrant Zéronès.*)

Un sage,
Dédaignant les lauriers si chers aux beaux esprits,
Instruisant par ses mœurs, et non par ses écrits.

ZÉRONÈS. (*à Orgon.*)

Il est profond.

LE MARQUIS. (*montrant Orphise & Rosalie.*)

Enfin, je vois à son aurore
La beauté, la vertu qui l'embellit encore,
Et le tableau touchant d'une pure amitié....

COMÉDIE.

(en regardant tout le monde.)
Auprès de vous, Paris est bientôt oublié.

ORGON. *(à Zéronès.)*

Quelle différence ! *(a)*

ZÉRONÈS.

Ah !

ORGON.

Je l'aime à la folie.
Mais c'est qu'il est charmant, solide....

ROSALIE. *(à Orphise.)*

Ah ! mon amie !

(a) Ces deux vers ne terminoient pas heureusement l'Acte; & je suis encore à en concevoir les raisons. Il a fallu les supprimer après la premiere représentation : mais je regrette ce mot ; *Ah ! mon amie !* dont l'expression mélancolique devoit annoncer ici la situation de l'ame de Rosalie.

Fin du premier Acte.

ACTE II.

SCENE PREMIERE.
ORPHISE, ROSALIE.

ORPHISE.

Ce diner, Rosalie, étoit embarrassant.
Je voyois dans vos yeux un trouble intéressant,
Que vos efforts trompés laissoient toujours paroître.
Votre instant est venu : je crois vous bien connoître.
Par le besoin d'aimer votre cœur tourmenté
Cede aux impressions dont il est agité.
Incertain dans son choix, mais pressé de se rendre;
Il faut abandonner l'espoir de le défendre.
Dans ce moment sur-tout l'assaut est dangereux.
Un jeune homme charmant et peut-être amoureux,
Prodigue de ses soins, profond dans l'art de plaire,
Ne doit pas vous paroître un amant ordinaire.
Tout semble en sa faveur vouloir se réunir.
Darmance vous trahit : il vient pour le punir.
Il vient pour vous venger. La circonstance est belle :
Et des légéretés d'un amant infidele
Le souvenir, d'abord profondément tracé,
Par l'amant qui console est bientôt effacé.

ROSALIE.

Je m'abandonne à vous, ô ma fidele amie.
C'est à vous de régler le destin de ma vie.

Je suis bien agitée, il est vrai: mais mon cœur
De vos sages avis recherche la douceur.
Jugez quel est mon sort. Dès ma plus tendre enfance,
Mon pere avoit promis de m'unir à Darmance.
Je recevois ses soins ; et vous avez pu voir
Qu'en l'aimant je croyois écouter mon devoir.
Depuis plus de deux mois, il me fuit, il me laisse.
Le Marquis vient: mon pere approuve sa tendresse.
Mon pere contre lui dès long-temps déclaré
L'accueille, le caresse, en paroît enivré.
Il vante son esprit, ses graces, sa noblesse.
Tout le monde applaudit : et moi, je le confesse,
J'entends avec plaisir le bien qu'on dit de lui.
Cependant je ne sais quelle crainte aujourd'hui
De mon nouveau penchant empoisonne les charmes.
Ah! si vous le pouvez, dissipez mes alarmes.

ORPHISE.

Je ne me charge point encor de les bannir :
Je sens que je pourrois risquer de vous trahir.
Le vice disparoît sous des dehors aimables.
Les graces de l'esprit, les talens agréables
Étendent sur le cœur un voile dangereux.
Il nous cache souvent un avenir affreux :
Et ces hommes charmans que l'on croyoit solides
Sont des amans brillans et des époux perfides.
Le Marquis peut séduire, il est vrai : sa gaieté
Prend chez lui les dehors de la naïveté :
Mais enfin c'est toujours l'esprit qui la remplace.
Il parle bien sans doute : il s'exprime avec grace ;

Mais ce n'est pas, je crois, le langage du cœur :
Nous parlons autrement. On vante sa candeur :
Mais, pour faire l'aveu d'une faute connue,
Il ne faut pas avoir l'ame bien ingénue.
Par l'éclat qui souvent marque ses actions,
On connoît ses duels et ses séductions ;
Et je n'ai jamais pu jusqu'ici le surprendre
Faisant l'aveu d'un tort qu'on ne pourroit apprendre.
Enfin, ma chere amie, il faut en convenir,
Cette conversion ne sauroit m'éblouir.
Eh ! qui sait les motifs de ses soins pour vous plaire ?
On peut s'attendre à tout d'un pareil caractere.
Il a sçu tout le mal que nous disons de lui ;
Je frémis : s'il vouloit se venger aujourd'hui ! ...

ROSALIE.

Allons : je vais chercher un secourable asyle,
Et jouir au Couvent d'un état plus tranquille.
De trop de sentimens mon cœur est combattu :
Il faut quitter le monde.

ORPHISE.

     Ah ! Dieu ! pour la vertu
Ce seroit, mon amie, une perte cruelle.
Les femmes de ce siècle ont besoin d'un modèle :
Qui leur en serviroit ?

ROSALIE.

     Enfin que feriez-vous
Si vous deviez avoir le Marquis pour époux,
S'il vous avoit d'abord adressé son hommage ?

COMÉDIE.

ORPHISE.

J'aurois pris, à l'inftant, le parti le plus fage ;
Et, prévenant de loin le moment des regrets,
Je l'aurois fupplié de ne me voir jamais.
Que n'ai-je point fouffert pour m'être abandonnée
Aux piéges dont je crois vous voir environnée !
Mon ame étoit fi neuve, et j'avois un époux
Si traitre, fi galant, fi perfide ; fi doux !
Il me cachoit fi bien la vérité cruelle !
Dans l'âge où l'on croit tout, je le croyois fidèle.
L'erreur n'a pas duré, mes yeux fe font ouverts ;
Et je n'ai plus fenti que le poids de mes fers.
Muet à mes douleurs, il me laiffoit mourante.
Le fort me l'a ravi : je lui ferai conftante.

ROSALIE.

Mon amie, on peut donc vivre fans aimer ?

ORPHISE.

                                  Non :
Mais il me refte au moins dans ma condition
De tendres fouvenirs, et quelques douces larmes
Qui, malgré le veuvage, ont encore des charmes.
Et d'ailleurs l'amitié fuffit à mon bonheur.
Celle que j'ai pour vous occupe tout mon cœur.
Dans le monde, où je vis, elle m'eft falutaire.
Ne m'en fachez point gré : fi vous m'étiez moins chère,
Je ne répondrois pas de garder mon ferment.
Auffi je fuis à vous jufqu'au dernier moment.

ROSALIE.

Vous ne pouvez m'aimer qu'autant que je vous aime:
Peut-être je pourrois me conduire de même.

ORPHISE.

Oh! non: vous n'avez pas payé jusqu'aujourd'hui,
Le tribut à l'Amour : je suis quitte avec lui.
Croyez-moi, Rosalie : un commerce paisible
Ne satisferoit point une ame aussi sensible.
Ne vous en plaignez pas. Je vous aimerois moins,
Si votre cœur pouvoit se passer de mes soins ;
Si vous étiez, sur-tout, de ces femmes glacées,
Volages par caprice, et rarement fixées,
Qui, ne pouvant avoir que des goûts imparfaits,
Choisissent sans amour, et quittent sans regrets.
Cette fragilité n'est pas intéressante.
On juge à la rigueur une ame indifférente.
Je veux que mon amie ait toujours dans son cœur,
A tout événement, l'excuse d'une erreur.
Je vous mets à votre aise avec cette indulgence.

ROSALIE.

Ah ! vous me rassurez : je reprends l'espérance.
Eh bien ! que faut-il faire ?

ORPHISE.

     Il faut attendre encor,
Et nous donner le temps d'assurer votre sort.
Peut-être ignorez-vous, ma chère Rosalie,
Le nouvel intérêt dont votre ame est remplie

Il est des sentimens que l'on prend pour l'amour.
Le dépit, quelquefois, nous engage au retour.
On s'étourdit, on veut ne pas se rendre compte
D'un regret douloureux qu'avec peine on surmonte,
Et l'on trompe son cœur.... parlez-moi franchement :
Regrettez-vous encor votre premier amant ?

ROSALIE.

Je ne crois pas.

ORPHISE.

Enfin, après deux mois d'absence,
Comment le voyez-vous ?

ROSALIE.

Je ne sais : sa présence
Fait un effet sur moi que j'expliquerois mal.
Il me gêne ; et sur-tout auprès de son rival.

ORPHISE.

Je m'en suis apperçue.

ROSALIE.

On dit qu'il est à plaindre,
Et qu'il souffre encor plus en voulant se contraindre.

ORPHISE.

Oui, sa sœur le prétend.

ROSALIE.

J'ai crû le voir aussi :

Il faudroit lui cacher ce qui se passe ici.

ORPHISE.

Ah ! je ne le plains pas. L'insensé petit maître,
D'avoir jusqu'à ce point osé vous méconnoître
Heureusement pour nous, tous ces imitateurs,
Ces singes de la Cour, dans leurs serviles mœurs,
N'étalent à nos yeux que la laideur du vice.
Leur médiocrité, soit raison, soit caprice,
Jusques dans leurs défauts inspire le mépris.
J'aimerois encor mieux notre brillant Marquis.
S'il est perfide, au moins il ne l'est qu'avec grace :
Ses vices sont couverts d'une aimable surface ;
Et l'on peut s'y tromper.

ROSALIE.

Sauvez-moi de l'erreur,
Chere amie, et lisez dans le fond de son cœur.

ORPHISE.

Oh ! je vous le promets. Il a bien de l'adresse ;
Mais on peut, sans scrupule, égaler sa finesse.
La franchise avec lui ne serviroit à rien....
Vous ne concevez pas cet étrange moyen
Qu'il faille se masquer pour connoître les hommes ;
Mais le monde est un jeu : dans le siecle où nous sommes,
Par les vices adroits les mœurs ont tout perdu,
Et ce n'est que l'esprit qui sauve la vertu.
Je l'apperçois : gardez de vous laisser surprendre.

ROSALIE.

COMÉDIE.
ROSALIE.

J'aime mieux vous charger du foin de me défendre.
Que pourrois-je lui dire ? (*Elle fort.*)

SCENE II.
ORPHISE, LE MARQUIS.
LE MARQUIS.

Ah ! que je suis heureux !
Sans doute, en ce moment, votre cœur généreux
Me protégeoit, Madame, et prenoit ma défense.
Combien un pur amour a sur nous de puissance !
Je déteste l'éclat de mes premiers succès.
J'aime enfin sans remords, sans crainte, sans regrets.
Ou si pour mon malheur je me trompois encore,
Loin de vouloir combattre une erreur que j'adore,
J'épaissirois le voile étendu sur mes yeux.
Oui : le charme nouveau que j'éprouve en ces lieux
M'avertit que je touche au bonheur de ma vie.
Je suis digne de vous, digne de Rosalie.
Votre active amitié doit être sans effroi.
Vous n'avez désormais à craindre que pour moi.

ORPHISE.

Le pauvre malheureux ! dans quel pas il s'engage !
Mais il faut avec moi prendre un autre langage.
Tenez, mon cher Marquis : vous avez vingt-huit ans,

C

34 LE SÉDUCTEUR,
J'en ai vingt-quatre : ainsi les discours des enfans
Ne sont plus faits pour nous.

LE MARQUIS.

Oui : mais lorsque l'on aime
On le devient. L'amour est peint sous cet emblême ;
Et j'éprouve aujourd'hui qu'il rétablit en nous
Cette candeur première et ces sentimens doux
Qui distinguent si bien l'âge de l'innocence.
Tout est nouveau pour moi : je crois à la constance,
A la fidélité, je renais par l'amour...
Pourquoi de mon bonheur diffère-t-on le jour ?
L'indulgence fait grace aux torts de la jeunesse.
Je n'aurois jamais eu qu'une seule foiblesse,
Si j'avois bien choisi dès la première fois.
Eh ! qui peut soutenir l'erreur d'un mauvais choix !
J'ai mieux aimé risquer de paroitre infidèle :
Mais, retombant toujours dans une erreur nouvelle,
Entrainé, malgré moi, par un charme vainqueur,
Je n'ai fait que donner et reprendre mon cœur.
Est-il un sort plus dur pour un homme sensible !

ORPHISE.

C'est pour vous délivrer de cet état horrible,
Que l'on veut vous donner tout le tems de choisir.
Nous redoutons en vous cet ardeur de jouir.
Pour faire un bon mari, vous aimez trop les femmes.

LE MARQUIS.

J'aime les femmes ! mais, accordez-vous, Mesdames.
Pour que l'on vous épouse, il faut bien vous aimer ;

COMÉDIE.

Et d'ailleurs l'amour seul a droit de me charmer.
Il me traite bien mal: tous ses plaisirs me fuient;
Mais l'amitié me glace, et les hommes m'ennuient.

ORPHISE.

Quoi ! d'être mon ami n'êtes-vous point jaloux ?

LE MARQUIS.

Ne me demandez pas ce que je sens pour vous.
Vous n'aurez de long-temps d'ami qui me ressemble.
Un commerce tranquille avec vous! ah! je tremble,
Quand je suis obligé d'implorer vos secours,
De vous ouvrir mon cœur, de vous voir tous les jours.
Il falloit m'épargner cette épreuve cruelle.
Quel supplice, grand Dieu! Rosalie est bien belle,
Mais le piége est bien fin : et cette intention....
Vous riez !

ORPHISE.

J'attendois la déclaration.

LE MARQUIS, (*vivement.*)

Oh! non: n'y comptez pas. Vous vous trompez, Madame.
Vous n'êtes, à mes yeux, que la seconde femme
De l'univers.

ORPHISE.

Tant mieux.

LE MARQUIS.

Que je suis malheureux !
Trahi jusqu'aujourd'hui, trompé dans tous mes vœux,

C ij

Il m'a fallu souffrir et travailler sans cesse.
Pour rencontrer un cœur digne de ma tendresse:
Je le cherchois en vain, ce cœur n'existoit pas.
J'apperçois Rosalie: après ces longs combats,
Je croyois respirer. Les vertus de son âge,
Son ingénuité rassuroient mon courage.
Que me sert de l'aimer, d'être de bonne foi !
Je ne puis lui parler : on l'éloigne de moi.
Il faut me replier et me mettre à la gêne
Pour prouver un amour qu'elle croiroit sans peine.
Hélas ! le seul aspect de mes vives douleurs
A celle qui les cause arracheroit des pleurs.

ORPHISE.

Je ne lui cache rien : ainsi soyez tranquille.

LE MARQUIS.

Mais que lui dites-vous ? il est bien difficile
De lui peindre l'ardeur dont je suis embrâsé.

ORPHISE.

Cet emploi, jusqu'ici, m'a paru fort aisé.

LE MARQUIS.

Vous avez tant d'esprit, de grâce ! ah ! je vous prie,
Faites-lui bien sentir que je lui sacrifie
Tout au monde; la Cour, mes plaisirs, mes amis.

ORPHISE.

Depuis deux heures, oui, vous nous l'avez promis.

COMÉDIE.

LE MARQUIS.

Ah ! je voudrois déjà voir la fin de l'automne.

ORPHISE.

Rosalie en est sûre.

LE MARQUIS.

Ah ! vous êtes si bonne !
C'est à vous que je dois.....

ORPHISE.

Elle sait même aussi
Que vos chevaux sont mis.

LE MARQUIS.

Dieu ! Dans ce moment-ci
Je ne puis différer une importante affaire.
Il faut que ma présence y soit bien nécessaire
Pour aller perdre ainsi des momens précieux :
Mais je reviens après me fixer dans ces lieux.
Je ne vis point ailleurs : n'en doutez plus, Madame.
Loin de vous opposer à ma naissante flamme,
Vous avez protégé cette innocente ardeur
Qui me rend tous les biens que regrettoit mon cœur.
Daignez, charmante femme, achever votre ouvrage ;
Il est digne de vous de fixer un volage.
Que de tendres liens nous uniroient un jour !
Ce seroit l'amitié qui conduiroit l'amour.

ORPHISE.

Oh ! nous savons très-bien que vous êtes aimable :

Mais, si vous nous trompez, que vous êtes coupable!
A quel abus cruel votre esprit s'est livré!
Des procédés ingrats vous auront égaré :
Car vous êtes né franc; et même je suis sûre
Que votre ame d'abord étoit sensible & pure.
Vos discours auroient moins l'air de la vérité,
Si quelque souvenir ne vous étoit resté.
Ne vous en servez pas pour tromper Rosalie.
Des maux qu'on vous a faits doit-elle être punie?
Ce seroit une horreur trop digne de celui
Que, malgré ses noirceurs, je regrette aujourd'hui.

LE MARQUIS.

On vous a trahie!

ORPHISE.

Oui: le fait est incroyable.

LE MARQUIS.

Votre Epoux! se peut-il qu'un mari soit capable!...
Je conçois les soupçons que vous gardez sur moi.
Il avoit l'air si doux, et de si bonne foi....

ORPHISE.

Il avoit avec vous, beaucoup de ressemblance.

LE MARQUIS.

Ah! ne conservez plus de doute qui m'offense.
J'adore Rosalie autant que vous l'aimez.
C'est moi qui remplirai les vœux que vous formez.
De mes premiers amours victime généreuse,

COMÉDIE.

Je ne me vengerai qu'en la rendant heureuſe.

ORPHISE.

Quelqu'un vient, c'eſt Meliſe.

LE MARQUIS.

Ah! changeons de diſcours.

ORPHISE.

Quand nous ſommes enſemble, elle arrive toujours.

LE MARQUIS.

Demeurez : dans l'inſtant je vous en débarraſſe.
(à part.)
Il faut que l'une ou l'autre abandonne la place.

───────────

SCENE III.

ORPHISE, LE MARQUIS, MELISE.

MELISE.

Vous me voyez, Madame, un air triſte aujourd'hui :
Mais mon frere m'afflige. Il eſt affreux pour lui
De perdre pour jamais la plus douce eſpérance,
Et de n'inſpirer plus que de l'indifférence
Et même de la haine, en des lieux ſi chéris
Qui devoient renfermer ſa femme & ſes amis.

LE MARQUIS.

Je connois un état bien plus inſupportable.

C iv

C'est lorsque, transporté pour un objet aimable,
On ne peut se livrer, s'épancher à loisir,
Et qu'un tiers importun nous ôte ce plaisir.

ORPHISE, (à part au Marquis.)

Mais songez donc....

LE MARQUIS, (de même.)

    Je veux la rendre plus discrete.

MELISE, (de même.)

Comment, Monsieur?

LE MARQUIS, (de même.)

    Je veux qu'elle fasse retraite.

(Haut.)
Oui, c'est un sort cruel ; et rien n'est plus affreux
Que de se voir ravir un seul moment heureux.
Le bonheur est si rare !

ORPHISE (à part au Marquis)

    Encore ? je vous laisse.

LE MARQUIS (à Orphise de même.)

De grace...

MELISE de même au Marquis.

    Vous osez pousser la hardiesse!

SCENE IV.

LE MARQUIS, MELISE.

LE MARQUIS.

Je reconnois mes torts. Madame, pardonnez :
Mais...

MELISE.

   Je dois applaudir aux soins que vous prenez.
Votre discrétion est tout-à-fait honnête.
Que voulez-vous qu'on pense ?

LE MARQUIS.

      Oui : j'ai perdu la tête :
Mais croyez que ceci ne vous expose à rien.
Après le long ennui d'un fâcheux entretien,
Pouvois-je en vous voyant ?...

MELISE.

      Quelle est votre espérance ?
Et pourquoi me poursuivre avec cette constance ?
Vous savez que Damis a mon cœur & ma foi,
Et que bientôt l'hymen doit l'unir avec moi.
Puis-je rompre avec lui, n'ayant point à m'en plaindre ?
Eh ! qui sait avec vous ce que j'aurois à craindre !
Soyons amis : ayez la générosité
De ne plus en vouloir à ma tranquillité.
Pour acquérir des droits à ma reconnoissance,
Evitez-moi : prenez le parti de l'absence.

LE SÉDUCTEUR,

LE MARQUIS.

Madame, il est trop tard. En allant par dégrés,
Je pourrai faire un jour ce que vous desires.
Mais remplissez d'abord les devoirs d'une amie :
Donnez-moi les moyens de supporter la vie ;
Et, sur-tout dans ces lieux où je puis espérer
De trouver mon bonheur et de vous rencontrer,
Faites-moi rechercher de ceux qui vous desirent :
Qu'ils puissent se méprendre aux charmes qui m'attirent.
Vous voyez que souvent, pour leur faire ma cour,
Je perds d'heureux instans dérobés à l'amour :
J'ai pû même oublier toutes leurs injustices.
Pour m'assurer le prix de tant de sacrifices,
Parlez en ma faveur ; et daignez, chaque jour,
De leur inimitié prévenir le retour.

MÉLISE.

Mais ne me forcez point à garder le silence.
Quand vous m'affligerez ce sera ma vengeance.

LE MARQUIS.

Que vous êtes aimable et que mon sort est doux !
Combien notre amitié va faire de jaloux !
Ah ! je suis dans l'ivresse.... Et mon bonheur extrême....
  (*Il lui baise la main, & se jette à ses genoux.*)

MÉLISE.

  (*Se détournant & cherchant à retirer sa main.*)

Ah ! Marquis.....

COMÉDIE.

LE MARQUIS, (*profitant de ce moment pour regarder à sa montre en tenant toujours la main de Mélise.*)

Ciel !

MÉLISE.

Quoi donc ?

LE MARQUIS (*s'échappant avec précipitation.*)

Je me punis moi-même.
Pour la derniere fois faites grace à l'amour....
Mais je ne reponds pas d'être abfent tout le jour.

SCENE V.

MELISE, (*feule.*)

Quoi ! pour un mot, combien il craint de me déplaire !
Je ne lui croyois pas cette réferve auftère.
Mais dans les cœurs bien nés les premières erreurs
Tournent à leur profit, et les rendent meilleurs.
Celui qui des écueils a fauvé fa jeuneffe,
Ignorant le danger, connoît peu fa foibleffe.
Le Marquis eft plus fûr ; et je vois que fon cœur...

SCENE VI.
MELISE, DARMANCE.

MÉLISE.

Mais, quel nouveau chagrin, mon frère ?...

DARMANCE.

              Ah ! Dieu, ma sœur,
Pourez-vous concevoir ce que je viens d'apprendre ?
Je suis désespéré : Damis m'a fait entendre
Que le Marquis vouloit m'enlever pour jamais
L'espoir de regagner l'objet de mes regrets ;
Qu'il formoit le projet d'épouser Rosalie.

MÉLISE.

Qui ? lui ! non : le Marquis n'eut jamais cette envie.
Je sais ce qui l'occupe.

DARMANCE.

           Ah ! je suis rassuré.
Mais il m'a dit encor, de douleur pénétré :
(Car vous savez, ma sœur, qu'il m'aime comme un frère)
» Mon ami, le cruel poursuit et désespère
» Un autre amant, qui n'est coupable d'aucun tort,
» Plus fidèle que vous, digne d'un meilleur sort....
Le saviez-vous, ma sœur ?

MÉLISE, (*embarrassée.*)

           Comment ? Damis soupçonne...

COMÉDIE.

DARMANCE.

Pour moi, je m'en doutois.... quoi, ceci vous étonne !...

MELISE, (*avec inquiétude.*)

Mon frere, vous croyez....

DARMANCE.

Sans doute : le Marquis
Trompe dans ce moment deux femmes à Paris.
Heureusement pour moi personne ne l'ignore.
Le reste est moins connu : mais j'en sais plus encore,
Et je ne puis penser....

MELISE.

Oh ! non, c'est une erreur
De croire qu'en ces lieux il ait placé son cœur.

SCENE VII.

MELISE, DAMIS, DARMANCE.

DARMANCE (*allant au-devant de Damis.*)

Vous vous trompiez, Damis, dans votre conjecture
Le Marquis aime ailleurs, et ma sœur en est sûre....

DAMIS (*à Melise avec un ton de reproche mêlé de douceur.*)

Vous en êtes bien sûre ?

MELISE (*dans un embarras extrême.*)

Oui.... je ne puis songer
Qu'il trahisse mon frere et veuille l'affliger....
Étant le confident de ses peines secretes....

LE SÉDUCTEUR,

DAMIS, *(avec un peu d'aigreur.)*
Je suis humilié de l'erreur où vous êtes.

MELISE.
Ce seroit une horreur : il faut s'en éclaircir.

DAMIS.
Je le ferai sans doute, et veux vous obéir.
Le Marquis apprendra....

DARMANCE.
Non : ceci me regarde.
Je ne souffrirai point qu'un autre se hasarde.
Laissez-moi lui parler, mon frere.

DAMIS.
Ah ! mon ami,
Je ne l'ai point encor ce titre si chéri,
Je veux le mériter : je prends votre defense.
Vous avez bien des torts : mais la moindre imprudence
Pourroit vous perdre ici, sans espoir de retour ;
Et l'on doit respecter l'objet de son amour.
J'en donnerai l'exemple, ô ma chere Mélise,
J'oppose à la finesse une vieille franchise,
Au brillant de l'esprit le langage du cœur :
Ces armes suffiront pour vaincre un Seducteur.
Rassurez-vous : je suis sans trouble & sans colere ;
Et je veux vous servir au moins sans vous déplaire.
Rentrons : sans plus tarder, je vais prendre le soin
D'obtenir du Marquis un moment sans témoin.

Fin du second Acte.

ACTE III.

SCENE PREMIERE.
ORPHISE, MELISE.

ORPHISE.

Vous croyez le Marquis rival de votre frere ?

MÉLISE.

Non : je ne cherche point à percer ce myſtere.
Mais, ſuppoſé qu'Orgon préfere le Marquis,
Je dois, à tout haſard, détromper mes amis....

ORPHISE.

Auriez-vous des moyens pour démaſquer le traître ?

MÉLISE.

Oh ! je puis, à l'inſtant, vous le faire connoitre.
Ecoutez : le Marquis pourſuit, en ce moment,
Une femme qu'il ſemble aimer éperduement.
De tous les pas qu'il fait je pourrois vous inſtruire :
Mais enfin conſervant l'eſpoir de la ſéduire,
Il redouble de ſoins pour obtenir ſon cœur.
Il ne peut ignorer que je ſais ſon ardeur.
Cette femme eſt très-franche ; et je ſuis ſon amie
Comme, depuis long-tems, vous aimez Roſalie.

LE SEDUCTEUR,

ORPHISE.

Eh! bien, pour le convaincre, il faut prendre un moment
Où nous le trouvions seul. Cela seroit charmant.
S'il a les deux projets, que pourra-t-il répondre ?
Par son embarras seul nous allons le confondre.

MÉLISE, (*embarrassée.*)

Il est vrai.... mais pourquoi le faire déclarer ?

ORPHISE.

Pour lui fermer la bouche, et mieux nous assurer.

MÉLISE (*de même.*)

J'entends.... mais....

ORPHISE (*examinant bien Mélise.*)

Cette femme a donc la fantaisie
De partager les soins qu'il rend à Rosalie ?

MÉLISE (*avec vivacité & humeur.*)

Non : car elle le craint et le hait à la mort.

ORPHISE (*à part.*)

Ah! je sais son nom....

(*Voyant arriver Zéronès.*)

Mais ce maudit homme encor
Vient ici nous poursuivre. Entrons-là, je vous prie.

(*Elles passent dans une chambre voisine.*)

SCENE

SCENE II.

ZÉRONÈS, (*seul.*)

Toujours fuir, à l'aspect de la philosophie !
Je ne sais que penser. Je crois, en vérité,
Que je dois m'en tenir à la neutralité.
C'est sous condition que les Grands nous caressent....
Quand ils ont de l'esprit : mais après ils nous laissent.
Notre pure amitié n'honore que les sots.
Pourquoi m'embarrasser dans des projets nouveaux !

SCENE III.

LE MARQUIS, ZÉRONÈS.

LE MARQUIS.

„ Oui, puisque je retrouve un ami si fidele,
„ Ma fortune va prendre une face nouvelle ".

ZÉRONÈS.

Riez, riez, allez : nos affaires vont bien.

LE MARQUIS.

Surement le bon homme....

ZÉRONÈS.

Oh ! le pere n'est rien,
Ni la fille non plus : mais cette tendre amie....

D

LE SÉDUCTEUR,
LE MARQUIS.
Elle fert mes projets, et m'aime à la folie.
ZÉRONÈS.
Cette femme, Monsieur, nous jouera quelque tour.
LE MARQUIS.
Point du tout : je vous dis qu'elle fert mon amour.
ZÉRONÈS.
Et moi, dans ce château, deux fois je l'ai furprife,
Myftérieufement caufant avec Mélife.
LE MARQUIS.
Mélife pour fon frere imploroit fon fecours.
ZÉRONÈS.
Mais, lorfque j'arrivois, elles fuyoient toujours.
Sûrement on nous croit en bonne intelligence,
Et j'augure fort mal de cette méfiance.
Vous ne doutez de rien, Monfieur : nous nous perdrons.
LE MARQUIS.
Eh ! bien, publiquement nous nous querellerons ;
Et l'on ne croira plus à notre intelligence.
ZÉRONÈS.
Mais fi Mélife enfin, par efprit de vengeance,
Sachant votre conduite, en informoit Orgon,
Par où finira-t-il ?

COMÉDIE,

LE MARQUIS.

Lui ! Par m'embrasser.

ZÉRONÈS.

Bon.
Et Damis, dont vos soins allarment la tendresse,
Qui, depuis quelques jours, plongé dans la tristesse,
Par ses sombres regards semble vous menacer,
Par où finira-t-il, Monsieur ?

LE MARQUIS.

Par m'embrasser.

ZÉRONÈS.

Eh ! bien, si vos projets, comme j'ai lieu de croire,
Ne réussissent point, vous n'aurez pas la gloire
D'être embrassé par moi.

LE MARQUIS.

Tout de même Docteur.

ZÉRONÈS.

J'enrage.... Ce sera du moins à contre cœur.

LE MARQUIS.

Du meilleur cœur du monde.

ZÉRONÈS.

Oh ! non, je vous assure...;
Mais, j'apperçois Damis. Voyez-vous sa figure,
Cet air sombre, farouche, et ces yeux égarés ?
Ma foi, tirez-vous en comme vous le pourrez.

D ij

SCENE IV.

DAMIS, LE MARQUIS.

DAMIS.

Souvent, pour m'obliger, me faisant des avances,
Je vous ai vu, Monsieur, dans mille circonstances,
Prévenir mes desirs, seconder mes projets,
Et par votre crédit assurer leur succès.

LE MARQUIS.

Moi, je n'ai pour personne une amitié stérile.
Eh! bien: dans ce moment, puis-je vous être utile?
J'y suis prêt.

DAMIS.

        Je le crois; et j'en suis pénétré:
Mais, depuis quelque tems, mon cœur trop ulceré
A droit de s'affranchir de sa reconnoissance:
Et je puis voir au moins avec indifférence
Vos nobles procédés, vos généreux secours,
Lorsque vous attaquez le bonheur de mes jours.
Je perds la confiance et le cœur de Mélise.
Vous savez que sa foi, que sa main m'est promise.
Insensible à l'amour, incertain dans vos goûts,
Choisissez des rivaux aussi légers que vous.
Pourquoi désespérer les cœurs les plus sensibles?
Adressez-vous plutôt....

COMÉDIE.

LE MARQUIS.

A ces maris paisibles,
Glacés par l'habitude et chez eux étrangers,
Que ne troubleroient point mes desirs passagers?
Ma foi, mon cher Damis, arracher une femme
A l'ennuyeux époux qui gouverne son ame,
D'un partage honteux subir la dure loi,
N'est plus une entreprise assez digne de moi.
C'étoit là mon début, en sortant du Collége.
Aujourd'hui, je jouis d'un autre privilége;
Et, mettant plus de prix aux succès de mes vœux,
Je ne veux pour rivaux que des amans heureux.

DAMIS.

Ainsi sans respecter le choix d'un galant homme?..

LE MARQUIS.

Du titre d'homme honnête envain on se renomme,
Pour bannir un rival, le seul titre aujourd'hui,
C'est d'être plus aimable ou plus adroit que lui.

DAMIS.

Cette ressource, ici, n'est pas en ma puissance:
Mais j'en ai qui pourront servir mon espérance.
Je desire, Monsieur, ne pas les employer;
Et c'est dans cet esprit que je viens vous prier.....

LE MARQUIS.

Prétendez-vous ici me faire des menaces?
Commençons par sortir; car je crains les préfaces,

DAMIS.

L'entretien finira comme vous le voudrez :
Mais j'ose me flatter que vous me répondrez.
Souffrez que j'interroge avant votre franchise.

LE MARQUIS.

Eh ! bien ?

DAMIS.

De bonne foi, songez-vous à Mélise ?
Moi, je crois qu'aux dépens de ma tranquillité,
Vous cachez un projet murement médité.

LE MARQUIS.

Eh ! quel est ce projet ?

DAMIS.

D'épouser Rosalie.

LE MARQUIS.

Si vous me soupçonnez une pareille envie,
Vous n'avez plus le droit de me rien reprocher,
Ni de me demander ce que je veux cacher.

DAMIS.

On peut être à la fois amoureux de Mélise,
Et pour les biens d'Orgon se sentir l'ame éprise.

LE MARQUIS.

Le démon des jaloux trouble votre raison.
Qui ! moi ! j'ai bien besoin de la fille d'Orgon

COMÉDIE.

Pour réparer jamais les pertes que j'ai faites !
N'ai-je que ce moyen pour acquitter mes dettes ?

DAMIS.

Mais quel motif enfin peut vous avoir permis
D'être le plus mortel de tous nos ennemis ?

LE MARQUIS.

Votre ennemi mortel c'est votre jalousie ;
Oui, Damis : c'est le seul qui trouble votre vie :
Et puisqu'en ce moment cette vivacité
Se radoucit un peu, par pure honnêteté,
Je veux vous secourir : il faut que de ma bouche,
Vous soyez rassuré sur tout ce qui vous touche....
Melise, croyez-moi, vous aime à la fureur.

DAMIS.

Moi !

LE MARQUIS.

Nul autre que vous ne regne sur son cœur.
Tout le monde le voit.

DAMIS.

Ah ! je voudrois vous croire :
Mais depuis quelque tems, banni de sa mémoire,
Elle ne me voit plus avec les mêmes yeux ;
Et j'ai l'air auprès d'elle étranger dans ces lieux.

LE MARQUIS.

Je le crois : votre air sombre allarme sa tendresse :

Mais êtes-vous abfent, jamais elle ne ceffe
De nous parler de vous ; et toujours des foupirs
Annoncent de fon cœur les fecrets déplaifirs.
Vous gênez fon amour par votre méfiance.
Pour le faire éclater, reprenez l'efpérance :
Changez votre maintien, ayez l'air d'un amant
Aimé, fûr de fon fait, qui marche au dénouement.

DAMIS.

Je conviens que j'ai pu négliger de lui plaire :
Mais le chagrin aigrit, toute humeur s'en altère,
Et naturellement j'ai fort peu de gaité.

LE MARQUIS.

Oui : votre caractère eft la folidité.
C'eft celui d'un mari : mais vous defirez l'être.
Seulement il faudroit n'avoir pas l'air d'un maitre ;
Et vous l'avez un peu : car dès les premiers jours
Que je venois ici, votre ton, vos difcours
Se reffentoient déjà de cette négligence
Que l'hymen quelquefois nous infpire d'avance.
Nos Dames n'aiment point ce ton de liberté
Qui, dédaignant les foins, vife à l'autorité.
Il faut autant de frais pour conferver les femmes
Qu'on en a prodigué pour attendrir leurs ames.
La vôtre le mérite : elle a de la beauté,
De l'efprit, des talens, et cette aménité
Qui donne à la vertu le charme de la grace.
Je ne vois point ailleurs d'objet qui la furpaffe.
Allez : époufez-là : vous êtes trop heureux.

COMÉDIE.
DAMIS.

Oui : je vois à présent que mes torts sont affreux.
Même, de vos discours, l'expression fidèle,
Me fait voir mille attraits que j'ignorois en elle.
Combien la jalousie est un monstre odieux !

LE MARQUIS.

Ah ! lorsque son bandeau nous a couvert les yeux,
On ne voit plus l'amour, suivi de l'espérance,
Ni, près de l'amitié, la douce confiance.

DAMIS.

Je ne vous cache point, que mes soupçons jaloux
Avoient fort altéré mes sentimens pour vous :
Mais vous avez vous-même écarté ce nuage ;
Il ne m'est plus permis d'insister davantage.
Seulement si Darmance....

LE MARQUIS.
      Oubliez-moi tous deux :
Suivez tranquillement vos projets amoureux.
Que je desire, ou non, d'épouser Rosalie,
Sa main ne feroit pas le destin de ma vie.
Et quand je l'aimerois, je puis vous assurer,
Que Darmance toujours auroit lieu d'espérer.
Je ne refuse point ce que le sort me donne ;
Mais je trouve tout bon, je ne nuis à personne.
C'est aux femmes à voir nos vertus, nos défauts.
J'ai même quelquefois secondé mes rivaux.
On me prend quand on veut, on me quitte de même,

Et mes soupçons jamais n'ont troublé ce que j'aime.

DAMIS.

En vérité, vous seul avez de la raison.
Oublions, tous les deux, cette explication.

LE MARQUIS.

Volontiers.

DAMIS.

Quel plaisir je vais faire à Mélise !

LE MARQUIS.

Comment donc !

DAMIS.

Mes soupçons ont causé sa méprise.
J'ai cru pouvoir lui dire, avant notre entretien,
Que vos vœux s'adressoient à Rosalie.

LE MARQUIS.

Eh bien ?
Elle étoit furieuse ?

DAMIS.

Oh ! dans une colère !...
Vous n'imaginez pas.

LE MARQUIS.

Elle adore son frère.
J'aime cet intérêt....

DAMIS.

Vous jugez qu'aisément

COMÉDIE.

Je pourrai me charger du raccommodement.

LE MARQUIS.

Mais, je l'exige.

DAMIS.

Allons, embraſſons-nous, de grace :
Et que de notre eſprit cet entretien s'efface.

LE MARQUIS, (*embraſſant Damis.*)

Je ne m'en ſouviens plus. Je veux, mon cher Damis,
Etre compté toujours au rang de vos amis.

(*Damis ſort.*)

SCENE V.

LE MARQUIS, (*ſeul.*)

D'Honneur, il a déjà les vertus conjugales.
Si je parlois, Méliſe auroit bien des rivales :
Mais ils ſont aſſortis ; il ne faut pas troubler
Tant de rapports ſi doux qui vont les raſſembler.

SCENE VI.

MELISE, LE MARQUIS, ORPHISE.

(*Elles arrivent par une autre porte que celle par où elles font sorties.*)

ORPHISE, (*à Mélife, à part.*)

Il est seul : approchons.

LE MARQUIS (*à part.*)

Ah ! voici l'alliance
Dont notre cher Docteur s'est effrayé d'avance..
Obfervons leurs regards, et leurs moindres difcours,

ORPHISE.

Marquis, expliquez-vous, fans feinte, fans détours.
Notre abord vous furprend : ou, du moins, il me femble
Que vous n'aimez pas fort à nous trouver enfemble :
Mais un motif preffant vient de nous réunir ;
Et vous ferez forcé de nous entretenir.
Madame s'intéreffe au bonheur d'une amie,
Et moi, vous le favez, au fort de Rofalie.
Qui trompez-vous des deux ? Vous avez fait un choix
Sans doute ? on n'aime pas deux femmes à la fois.
Ainfi déclarez-vous. Si l'une vous eft chere,
Qu'attendez-vous de l'autre en cherchant à lui plaire ?

LE MARQUIS.

Vous l'ordonnez ?

COMÉDIE.

ORPHISE.

Il faut....

LE MARQUIS.

Favorable rigueur !
Que d'un pesant fardeau vous délivrez mon cœur!
Madame s'intéresse au bonheur d'une amie ?...
Je conçois ses frayeurs ; et que la voir trahie
Seroit un accident bien fait pour la toucher.
Je souffre de l'aveu qu'elle veut m'arracher.
J'aurois moins d'embarras étant seul avec elle.
Mais enfin cette femme, objet de tout son zele,
N'est point ici, je crois. Moi, j'y suis établi.
Par l'objet de mes vœux ce séjour embelli
Le fait connoitre assez. C'est ici qu'il respire :
C'est ici que je vis sous son aimable empire....
Vous voyez ma franchise. Ordonnez de mon sort.

ORPHISE.

Oh! rien n'est plus facile ; et nous ferons d'accord...
Marquis, votre conduite est un peu trop masquée;
Et, par cette réponse avec art compliquée,
Vous annoncez à feindre une facilité
Qui ressemble beaucoup à la duplicité.
La franchise n'a point cette marche incertaine.
Son langage naïf persuade sans peine.
Le vôtre vous trahit.

MELISE.

En effet, que penser

LE SÉDUCTEUR,

D'un homme qui toujours eſt prêt à renoncer
A ce qu'il ſemble dire, à ce qu'il ſemble faire?
Car rien n'eſt poſitif; chez vous, tout eſt myſtere.

LE MARQUIS, (*reprenant vivement.*)

Oui : mais vous ignorez que les femmes toujours,
Plus qu'un rival jaloux, traverſent nos amours.
Celle qui voit ailleurs s'adreſſer notre hommage
Penſe, de bonne foi, recevoir un outrage ;
Et, prompte à ſe venger, ſon orgueil ſe réduit
A troubler le bonheur de l'amant qui la fuit.
Tel eſt dans ce moment le ſort qui me menace.
Une femme déjà préparoit ma diſgrace ;
Et je me vois forcé d'encenſer ſes attraits,
D'avoir l'air de l'aimer, pour détourner ſes traits...
Ceci, pour me juger, demande plus d'étude,
Et peut-être avez-vous beſoin de ſolitude :
Adieu : quand vos avis ſeront conciliés,
Je viendrai recevoir mon arrêt à vos pieds.

SCENE VII.

ORPHISE, MÉLISE.

MELISE.

CE portrait-là n'eſt pas celui de mon amie.

ORPHISE.

Y reconnoiſſez-vous ma chère Roſalie ?

COMÉDIE.

MELISE (*éclatant avec humeur.*)

Ah! cet homme est un monstre. Il est tems d'éclater.
Je vous le dois à tous ; car je ne puis douter
Qu'Orgon n'ait le projet de lui donner sa fille.
Sauvons d'un seducteur une honnête famille.
J'ai des moyens tout prêts ; et j'attends aujourd'hui
Des informations qu'on a prises sur lui.
D'une main respectable elles seront signées.
Peut-être, en les lisant, serons-nous indignées
D'avoir pû si long-tems croire à son repentir.
Votre cause est la mienne et doit nous réunir.

ORPHISE.

J'accepte vos secours avec reconnoissance...
Mais Orgon vient : Madame, usez de diligence
Si vous ne voulez pas perdre votre bienfait.

MELISE.

Je vais écrire encor pour en hâter l'effet.

SCENE VIII.

ORPHISE, ORGON.

ORGON (*dans le fond du Théâtre.*)

J'APPORTE mon extrait et l'Encyclopédie...
Eh bien! où sont-ils donc ?... C'est vous charmante amie!
Mais, dites-moi pourquoi Mélise est d'une humeur,...
Je ne puis concevoir ce qu'elle a dans le cœur.

LE SÉDUCTEUR,

ORPHISE.

Avant la fin du jour, nous en verrons la fuite.
J'ai fu mettre à profit le trouble qui l'agite.

ORGON. (*Il pose sur une table son manuscrit,
& le volume de l'Encyclopédie.*)

Quoi! foupçonneriez-vous auffi nos deux amis?

ORPHISE.

Je ne dis rien encor : mais ils font bien unis ;
Et je vous avouerai que cette intelligence
Ne fauroit m'infpirer beaucoup de confiance.
Il faut bien qu'un manége, avec art concerté,
Ait troublé, tout-à-coup, votre fociété.
Pour moi, je ne crois pas fa marche naturelle.
Je vois Damis jaloux, et Dormance infidele.
Chacun vife à fon but. Examinez-les tous,
De vos meilleurs amis, perfonne n'eft pour vous.
Mélife s'occupoit à rétablir fon frere.
Le Marquis a fenti qu'il falloit la diftraire :
Et, pour mieux l'endormir dans une douce erreur,
Il a pris le parti d'intéreffer fon cœur.
C'eft ainfi, que d'abord elle a pris fa défenfe.
Le moyen n'eft pas franc : mais dans la circonftance,
Il ne m'inftruit de rien, et pourroit s'excufer.
Moi-même, je me vois contrainte de rufer.
Dans des combinaifons fi fort multipliées,
Se combattant fans ceffe, & toujours variées,
La vérité fe perd quand je crois la faifir.
Je n'ai que des foupçons, et ne puis m'éclaircir.

ORGON.

COMÉDIE.
ORGON.

Eh! bien, que feriez-vous? Dites avec franchise.

ORPHISE.

Si nous n'obtenons rien du dépit de Mélise,
Je voudrois, m'épargnant cet importun souci,
Écarter, dès demain, tout ce monde d'ici.
Votre fille chez-vous voit un amant volage
Qu'elle aimoit, et celui qui venge son outrage ;
C'est pour un jeune cœur un pénible embarras.
Elle peut s'y tromper. Sauvons-lui ces combats.
Nous aurons tout loisir d'examiner ensuite
Si l'on peut du Marquis approuver la conduite,
Si Rosalie enfin l'aime ou croit l'aimer.

ORGON.
       Quoi!
Vous voulez exiger que j'éloigne de moi
Les doux consolateurs, les soutiens de ma vie !

ORPHISE.

Vous voyez : je suis seule avec ma Rosalie :
Mais l'amitié me donne ici quelque pouvoir.
Je lui tiens lieu de mere, et j'en fais mon devoir....
Les voici..... je vous laisse, et ma tendresse extrême
Va veiller sur son sort, en dépit de vous-même.

E.

SCENE IX.

ORGON, LE MARQUIS, ZÉRONÈS.

ORGON. (à part.)

JE demeure interdit.

LE MARQUIS.

Allons, voyons l'extrait.

ZÉRONÈS. (au Marquis.)

Soyez persuadé que l'ouvrage est bien fait.

LE MARQUIS.

Mais j'en suis sûr.

ORGON. (à part.)

Pourtant ils sont fort raisonnables....
(Haut.)
Messieurs, pour un auteur, vous êtes redoutables ;
Et, devant vous.....

LE MARQUIS.

Aussi, ce n'est point comme auteur
Que nous vous jugerons, mais comme un amateur.

ZÉRONÈS.

Comme un homme du monde.

ORGON, (à part.)

Ils s'entendent ensemble :

COMÉDIE.

Oh ! j'éclaircirai bien...
(*haut.*)
   Mais, Messieurs, il me semble,
Qu'on ne m'a point trompé : je vous soupçonne fort
D'avoir quelques motifs pour être ainsi d'accord.

ZÉRONÈS, (*bas au Marquis.*)
Vous voyez.

LE MARQUIS, (*de même à Zéronès.*)
   Faisons-nous une bonne querelle.

ORGON.
De grace, expliquez moi cette amitié nouvelle.

ZÉRONÈS, (*de même.*)
Eh ! que nous dirons-nous ?

LE MARQUIS, (*de même.*)
   Parbleu, nos vérités....
(*haut à Orgon.*)
Qui peut vous faire croire à ces absurdités ?
Moi, l'ami de Monsieur !

ORGON.
  Eh bien !

LE MARQUIS.
    En confidence,
Sans vous, j'ignorerois jusqu'à son existence :
J'ai cru que je devois rechercher son appui,
J'en conviens ; mais c'est vous que je menage en lui :

Et, d'après les conseils de notre cher Molière,
» *Jusqu'au chien du logis je m'efforce de plaire.*

ORGON, (*à part.*)

Comment donc ! il le traite avec bien du mépris !

ZÉRONÈS.

Prenez garde, Monsieur, que le chien du logis
Pour vous et vos pareils ne devienne un Cerbère.

ORGON, (*avec un étonnement mêlé de satisfaction.*)
Oh ! oh !

LE MARQUIS, (*bas à Zéronès.*)
Bien.
(*haut.*)
Eh ! quel mal pourriez-vous donc me faire !
Si je disois un mot, je vous ferois chasser.

ZÉRONÈS.

C'est moi, Monsieur, c'est moi qui vais vous dénoncer.

ORGON. (*à part avec contentement.*)

Ils ne sont plus d'accord : Oh ! oui, la chose est claire.

LE MARQUIS.

Un parasite....

ORGON. (*Enchanté & de même aux répliques suivantes.*)
(*A part.*)
Bon.

COMÉDIE.
LE MARQUIS.

Sorti de la poussiere,
D'un ami trop facile égarant les vieux ans,
Et pour le rendre heureux vivant à ses dépens.

ORGON. (*Toujours à part.*)

A merveille.

ZÉRONÈS (*au Marquis.*)

Apprenez que son ame énergique
Ne me soupçonne point de basse politique.
Il sait, grace à mes soins, que celui qui reçoit
Accorde au bienfaiteur bien plus qu'il ne lui doit.

ORGON. (*De même.*)

Sans doute.

ZÉRONÈS.

Que j'acquiers des droits sur sa personne,
En daignant accepter les secours qu'il me donne.

LE MARQUIS.

Au maintien de vos droits, vous veillez nuit et jour.

ZÉRONÈS.

Je ne suis pas du moins parasite en amour.

LE MARQUIS.

Oh ! je vous en défie.

ZÉRONÈS.

Oui ! la réplique est bonne.

Allez, Monsieur, jamais je n'ai séduit personne.

ORGON. (*se mettant entre eux deux.*)

Arrêtez, mes amis : c'est assez me prouver
Que j'étois dans l'erreur. Voulez-vous me priver ?...

LE MARQUIS. (*à demi-voix à Orgon.*)

Non, non : sous le manteau de la philosophie,
Il ose se donner pour homme de génie :
Mais l'âne se trahit sous la peau du lion.

ORGON. (*avec un signe d'approbation qu'il répète à chaque réplique, comme pour les calmer.*)

Je sais.

ZÉRONÈS. (*de même que le Marquis, & tirant Orgon par la manche.*)

Méfiez-vous de son air de Caton.

LE MARQUIS. (*de même.*)

Je vois un Charlatan,

ZÉRONÈS. (*de même.*)

Je vois un petit maitre,

LE MARQUIS. (*de même.*)

Bien vain, bien ignorant,

ZÉRONÈS. (*de même.*)

Bien parjure, bien traitre.

ORGON.

Oui : je sais tout cela : je suis de votre avis :

COMÉDIE.

Mais enfin j'ai besoin que vous soyez unis.
Oubliez tout, allons : trop de rapports vous lient.
Je veux....

ZÉRONÈS (*avec un air piqué.*)

Ah !

ORGON.

Qu'est-ce ?

ZÉRONÈS.

Il est des discours qui s'oublient :
Mais....

ORGON.

Bon ! embrassons-nous ; & laissons tout cela.
(*Ici le Marquis n'en peut plus de rire & se retient.*)
Nous avons tort tous trois d'abord.

ZÉRONÈS.

En ce cas-là....
(*Ils s'embrassent tous trois.*)

(*Pendant que le Marquis embrasse Zéronès, Orgon prend son manuscrit sur la table & revient.*)

ORGON.

Je vous apportois là l'extrait de notre histoire.
Il faut que, sur un point, vous aidiez ma mémoire.
C'est un fait important ; mais il n'est pas prouvé,
Et je le cherche en vain. Je ne l'ai pas trouvé.
Dans l'Encyclopédie.

LE SÉDUCTEUR,

LE MARQUIS.

Oh! vous n'avez qu'à dire.
L'un de nous sûrement pourra vous en instruire.

ORGON (*montrant Zéronès.*)

Il ne le saura pas. C'est un homme.... (*avec admiration.*)

LE MARQUIS.

Fort bien :
Mais notre histoire!

ORGON.

Bah!

LE MARQUIS (*à part à Zéronès.*)

Docteur, ne dis plus rien.

ORGON.

Pour lui c'est un brin d'herbe.

LE MARQUIS.

Ah! ah!

ORGON.

Cela nous passe.
A ses yeux, la patrie est un point dans l'espace.

ZÉRONÈS.

Tout au plus.

LE MARQUIS (*à part à Zéronès.*)

Tais-toi donc.

COMÉDIE.

ORGON.

Heim ! quand je vous le dis !

LE MARQUIS.

C'est que les grands objets absorbent les petits.
Monsieur s'est occupé sans doute de la sphère,
Des loix du mouvement, du monde planétaire ;
Et, quand on a choisi ce genre de travail....

ZÉRONÈS.

Moi je ne connois point les choses de détail.

LE MARQUIS.

Des soleils des détails !

ORGON.

Pour lui.

LE MARQUIS.

Grand Dieu ! quel homme !
Que connoissez-vous donc ?

ZÉRONÈS.

Le grand tout.

LE MARQUIS.

Il m'assomme.
Ce n'est point un mortel, je n'y conçois plus rien.
C'est un esprit céleste, un être aérien.
Du monde, avec un trait, il nous peint la structure.
Un seul de ses regards embrasse la nature.

LE SÉDUCTEUR,

ORGON.

Auſſi pour débourer mon eſprit et mon cœur,
Je voudrois un ami, d'un ordre inférieur,
Qui pût dans les détails m'éclairer, me conduire.

ZÉRONÈS.

Il eſt certain que, moi, je ne puis me réduire.....
Mais vous avez trouvé cet ami dans Monſieur.

LE MARQUIS.

Oui : je n'ai point atteint ce dégré de hauteur
D'où l'on ne voit plus rien.....

ORGON.

     Bon : je reprens courage.
 (au Marquis.)
Ceci n'eſt qu'un extrait : venez voir mon ouvrage.
 (Il veut prendre ſon volume.)

LE MARQUIS. (prenant le volume, et ſe retenant pour ne pas éclater.)

Donnez, de grace.....

        (Orgon ſort.)

SCENE X.

LE MARQUIS, ZÉRONÈS.

ZÉRONÈS. (*Voyant le Marquis rire aux éclats.*)

Eh ! bien ?

LE MARQUIS.

La mine du Docteur !

ZÉRONÈS.

Oui : nous nous sommes dit.... Il étouffe, d'honneur.

LE MARQUIS. (*laissant tomber le livre à force de rire.*)

Que la science est lourde !

ZÉRONÈS.

Allons : le livre à terre !

(*en le ramassant.*)

Il ne respecte rien.

LE MARQUIS.

Bon Dieu ! la bonne affaire !

ZÉRONÈS.

Oh ! le voilà bien fier & bien content de lui !

LE MARQUIS.

Moi, je compte embrasser tout le monde aujourd'hui.

Fin du troisième Acte.

ACTE IV.

SCENE PREMIERE.

DAMIS, LE MARQUIS, DARMANCE.

LE MARQUIS.

Vous conviendrez, Damis, que tant d'indifférence
Devroit de notre ami rebuter la constance.
Orgon n'a pas daigné lui parler aujourd'hui;
Et Rosalie a l'air de se moquer de lui.
La vengeance est trop forte : une telle journée
Suffiroit pour payer les fautes d'une année.

DARMANCE.

Il est sûr que jamais on ne s'est vu traité
Avec tant de rigueur et tant de cruauté.
Non, je n'ai plus d'espoir : témoin de mes allarmes,
Aujourd'hui Rosalie a vu couler mes larmes,
Elle s'est éloignée en détournant les yeux.

DAMIS.

Ceci ne prouve pas qu'il lui soit odieux.

LE MARQUIS.

Mais, vous me faites rire, et ce sens froid m'étonne.
Est-ce qu'après deux mois une femme pardonne!
Il faut au moins deux ans.....

COMÉDIE.

D'ARMANCE.

Ah ! si je le croyois,
J'appercevrois, au moins, un terme à mes regrets.

LE MARQUIS.

Tu peux pleurer deux ans : moi, je te le conseille.
Tu lui feras plaisir d'abord : cette merveille
La flattera beaucoup, et je crois...... à propos,
Messieurs, ne suis-je point avec mes deux rivaux,
Moi, qui fais prendre à l'un le parti de la fuite,
Et qui de l'autre ici veux régler la conduite ?

DARMANCE (*lui prenant la main*).

Ah ! Marquis !

DAMIS (*de même*).

Allons donc !

LE MARQUIS.

Vous étiez deux grands fous !...
J'entends quelqu'un, allons : viens, Darmance, avec nous,
Promener ta douleur dans le parc, sous l'ombrage.
Le silence des bois, la fraîcheur d'un boccage
Moderent les transports des malheureux amans,
Et le chant des oiseaux adoucit leurs tourmens.

(*Ils sortent ensemble.*)

SCENE II.

ORPHISE, ROSALIE.

ROSALIE, (*en larmes & fort agitée.*)

Venez à mon secours, venez ma tendre amie....
Si vous saviez!.. mon pere!..

ORPHISE.

Eh! bien, ma Rosalie?

ROSALIE.

Il vient de me traiter avec une rigueur!
Quel crime contre moi peut irriter son cœur!
A l'entendre, on croiroit que c'est mon inconstance
Qui seule a pû causer la fuite de Darmance:
Que j'ai moi-même ensuite attiré le Marquis;
Et vous savez combien il en étoit épris!
Ce matin il l'aimoit: à présent il l'abhorre.
Qu'est-il donc arrivé? Que dois-je craindre encore?

ORPHISE.

Ne redoutez plus rien : échappée au danger,
Votre soin, mon amie, est de n'y plus songer:
De ne point regretter la grace et l'artifice
Qui couvroit sous vos pas les bords du précipice.
Le Marquis est un monstre; et tout est éclairci.

ROSALIE.

Ah! qu'il s'éloigne donc au plus vite d'ici!

COMÉDIE.

ORPHISE.

Nous allons y pourvoir.

ROSALIE.

Dieu ! que je suis à plaindre !

ORPHISE.

Pourquoi ? c'est un bonheur que de ne plus rien craindre.

ROSALIE.

Mais mon père !...

ORPHISE.

Aisément nous pourrons l'adoucir.
Je blâme le transport qui vient de le saisir :
Mais, prompt à s'irriter, il se calme de même.
Votre ame est déchirée : une douceur extrême
Peut seule la guérir. Il faut pour l'appaiser
Ne lui demander rien, la laisser reposer.
Trop de rigueur rendroit ses souffrances plus dures :
Et le remède même aigriroit ses blessures....
Cependant, je ne sais, je vois avec plaisir,
Ou du moins je crois voir que vous semblez souffrir
Cette seconde épreuve avec bien du courage.
La première chez vous a fait plus de ravage.

ROSALIE.

Il est vrai : tant de crainte allarmoit mon amour !
Sans jouir de mon cœur, je doutois, chaque jour,
Si le charme nouveau, dont j'étois poursuivie,

Me pouſſoit au bonheur, au malheur de ma vie.
Souvent je regrettois ces paiſibles momens
Où ſe développoient mes premiers ſentimens.
Hélas! quel plaiſir pur et qu'elle confiance
M'enivroit à l'inſtant de m'unir à Darmance!
» * J'eſpérois: et mon cœur doucement tourmenté
» Se livroit à l'attrait qui l'avoit enchanté.
» O preſſentiment doux! eſpérance flatteuſe!
» Quels biens il m'a ravis! Que je ſuis malheureuſe!

ORPHISE.

Eh! quoi! de votre cœur ne ſauriez-vous bannir
L'image de l'ingrat qui vous a pu trahir.
Darmance s'eſt formé ſur un mauvais modele.
Deviez-vous rencontrer un amant infidele!
» Sans lui j'aurois été bien loin d'imaginer
» Qu'aimé de Roſalie, on pût l'abandonner.
» C'eſt à vous conſerver qu'on doit mettre ſa gloire;
» Et cependant, le traitre a vanté ſa victoire.
» Il en a fait trophée. Ici même aujourd'hui,
» Je vois que le Marquis s'eſt emparé de lui.
» Ils ne ſe quittent plus; et ces perfides ames,
» Préparent à coup ſûr quelques nouvelles trames....
Mais je vois que ces mots vous affligent encor:
Je vois couler vos pleurs....

---

* Les vers de cette ſcene, qui ſont marqués par des guillemets,
ont été paſſés à la repréſentation. Je les regrette parce qu'ils indiquent
la véritable cauſe du déſeſpoir de Roſalie dans ce moment.

ROSALIE,

COMÉDIE.

ROSALIE, (*fondant en larmes.*)

     Ah! veillez sur mon sort.
Tous mes sens sont troublés; et ma raison s'égare.
Dans le désordre affreux qui de mon cœur s'empare,
J'ai peine à distinguer mon amitié pour vous.

ORPHISE.

Venez toujours à moi : tous mes vœux les plus doux
Sont de vous garantir des chagrins de la vie,
Des maux que j'ai soufferts ; je veux que mon amie
Les ignore toujours. Nous allons à l'instant
Éloigner pour jamais votre perfide amant.
Vous parviendrez alors à voir clair dans votre ame.
Ensuite....

SCENE III.

LES ACTEURS PRÉCÉDENS, ORGON, ZÉRONÈS.

ORGON. (*un papier à la main & le parcourant des yeux.*)

Quelles mœurs! quelle conduite infâme!

ZÉRONÈS.

C'est une horreur.

ORGON. (*A Rosalie.*)

    Eh! bien, je vous retrouve encor!

F

Allons, retirez-vous.

ROSALIE.

Mais, mon père.....

ORGON.

J'ai tort !
Oh ! sans doute !

ORPHISE.

Monsieur.....

ORGON.

Oh ! je sais que pour elle,
Vous me sacrifieriez.
(à Rosalie.)
C'est vous, Mademoiselle,
Avec vos goûts brillans et vos airs de mépris,
Qui me rendez pourtant la fable de Paris.
Recueilli dans le port de la Philosophie,
Sans vous j'allois jouir au déclin de ma vie :
Dégagé de tous soins, des erreurs détrompé,
En sage je vivrois de moi seul occupé :
Et vous reculez tout. Allons, il faut vous rendre
Dès demain au Couvent : là, vous pourrez attendre ;
Et je vais à mon gré vous choisir un Époux
Qui me dispensera de répondre de vous.
Sinon, n'espérez plus me revoir de la vie.

ROSALIE.

S'il faut pour votre sort que je me sacrifie,
Mon père, soyez sûr......

COMÉDIE,
ORGON.

      Allons : point de raisons.
Retirez-vous, vous dis-je, et demain.... nous verrons....

SCENE IV.

ORPHISE, ORGON, ZÉRONÈS.

ORPHISE.

Pourquoi l'accablez-vous d'une injuste colère ?
Voulez-vous la réduire à redouter son père ?
Dans ce moment, sur-tout, ne la repoussez pas ;
Et servez-lui d'asyle en lui tendant les bras.
Peut-être ce moment décide de sa vie.

ORGON.

Quoi ! vous protégerez toujours cette étourdie !

ORPHISE (*à part*).

Ah ! quelle horrible humeur !

ORGON.

      Mais il faut prononcer
Sur ce monstre : je vais à l'instant le chasser.

ORPHISE (*le retenant.*)

Non, non : chargez Monsieur de terminer l'affaire ;
Et ne vous montrez plus : je crains votre colere.

       F ij

LE SÉDUCTEUR,

ZÉRONÈS (*à Orphise*).

Oh! si vous m'en chargez, je serai tolérant.
Je le congédierai philosophiquement.

ORPHISE.

Cet écrit suffira pour lui faire comprendre,
Sans un plus long détail, le parti qu'il doit prendre.

ORGON.

Oui, vous avez raison: car je pourrois fort bien
Me croire jeune encor.

ORPHISE.

L'éclat ne sert à rien.

ORGON (*relisant son papier*).

Attaquer en duel des peres de famille,
Des freres, des époux, qui défendoient leur fille,
Ou leur sœur, ou leur femme!

ZÉRONÈS.

Oui, oui: n'hésitez pas.

ORGON.

Pouvois-je soupçonner tous ses sanglans éclats,
Ses désordres affreux, ses mœurs, sa perfidie
Qu'on appelle aujourd'hui de la galanterie!
Tout passe avec ce mot; et les vices du temps
Ne se distinguent plus avec leurs noms charmants.

ZÉRONÈS.

Allons: allons: il faut que je vous l'expédie.

Donnez-moi ce papier.

ORGON (*en tirant un autre de sa poche.*)

En voici la copie.

ZÉRONÈS.

Oh ! je suis enchanté.

ORGON.

Moi, je suis furieux.

ZÉRONÈS.

Le petit scélérat !

ORGON.

Quoi !

ZÉRONÈS.

C'est un malheureux.

ORGON.

Sans doute.

ZÉRONÈS.

A dix-huit ans !

ORGON.

Ce n'est point de Darmance
Que je vous parle ici, c'est du Marquis, je pense.

ZÉRONÈS.

Ah !

ORGON.

Où donc êtes-vous !....

LE SÉDUCTEUR,

ORPHISE.

Mais il peut revenir;
Et d'ailleurs j'ai besoin de vous entretenir.
Sortons.

ORGON.

Pour me parler encore de Rosalie ?
Non, je la punirai de sa coquetterie:
Vous ne m'en ferez point avoir le démenti :
Je ne veux plus la voir, et j'ai pris mon parti.

ORPHISE.

Oui, mais.... (*Ils vont pour sortir.*)

ORGON (*appercevant le Marquis, & revenant sur ses pas.*)

Ciel !....

―――――――――――――――

SCENE V.

LES ACTEURS PRÉCÉDENS,
LE MARQUIS.

LE MARQUIS.

Qu'il est dur, pour une ame enflammée,
De renfermer le feu dont elle est consumée !
Enfin je vous revois et je puis m'épancher.
Je trouve réuni ce que j'ai de plus cher.

(*Orphise & Orgon détournent la tête. Zéronès se détourne aussi avec affectation.*)

COMÉDIE.

ORGON (à part.)

Je n'y puis plus tenir.

ORPHISE (de même.)

Modérez-vous, de grace:
Sortons. (Ils sortent pendant que le Marquis débit les vers suivans avec transport sans prendre garde à rien.)

SCENE VI.

LE MARQUIS, ZÉRONÈS.

LE MARQUIS (poursuivant).

DE quel tourment à quel calme je passe!
Voici donc ma retraite, et le dernier séjour
Que, depuis si long-temps, me destinoit l'amour!

ZÉRONÈS.

A qui donc chantez-vous, Monsieur, cette Ariette?

LE MARQUIS, (tout étonné.)

Comment!

ZÉRONÈS.

Ils sont sortis.

LE MARQUIS.

Mais......

ZÉRONÈS.

Votre affaire est faite.

LE SÉDUCTEUR,

LE MARQUIS.

Je ne puis concevoir...... quelqu'un m'auroit-il nui ?

ZÉRONÈS.

Non : vous embrafferez tout le monde aujourd'hui.

LE MARQUIS.

Mais quel motif encor ?.....

ZÉRONÈS.

En voici la copie.
Vous voulez voir plus loin que la Philofophie :
Vous en êtes payé, lifez.

LE MARQUIS, (*lifant.*)

O Ciel !..... ainfi
Quel eft le réfultat de cette affaire-ci !

ZÉRONÈS.

Qu'on vous met à la porte.

LE MARQUIS.

Ah ! les méchantes femmes !

ZÉRONÈS.

Affurément, ce font des prudes que ces Dames.

LE MARQUIS, (*fouriant.*)

Ma foi, dans ce Recueil on n'a rien oublié ;
Et mon Hiftorien m'a bien étudié......
C'eft un tour de Mélifo.... Oui, je crois m'y connoître....

COMÉDIE.

Allons, le moment presse : il faut un coup de maitre.
Nous sommes perdus.

ZÉRONÈS.

Moi ! parlez pour vous Monsieur.

LE MARQUIS.

Voulez-vous me servir enfin ?

ZÉRONÈS.

De tout mon cœur :
Mais......

LE MARQUIS.

Que fait Rosalie ?

ZÉRONÈS.

Elle pleure chez elle.
Elle vient d'essuyer une vive querelle :
Son père la menace.

LE MARQUIS.

Oh ! l'excellent moyen !
Ces pères, ces maris, comme ils nous servent bien !
Et son amie ?

ZÉRONÈS.

Elle est avec Orgon : je pense
Qu'il est fort question de votre survivance.

LE MARQUIS.

A merveille. Mon cher, il faut que vous montiez
Chez Rosalie......

LE SÉDUCTEUR,

ZÉRONÈS.

Eh bien !

LE MARQUIS.

Et que vous lui disiez.....
Qu'on la demande ici, son père ou son amie.

ZÉRONÈS.

Ma foi.....

LE MARQUIS.

Ne faut-il pas que je me justifie ?

ZÉRONÈS.

J'entends bien, mais c'est que....

LE MARQUIS.

Je ne dois plus la voir :
On m'a calomnié : je n'ai plus d'autre espoir.

ZÉRONÈS.

Moi, je dis....

LE MARQUIS.

Et d'ailleurs vous savez qu'elle m'aime ?

ZÉRONÈS.

A-peu-près, sûrement.

LE MARQUIS.

Moi, je l'aime de même.
Après elle, c'est vous.

ZÉRONÈS.

A la bonne-heure : allons.

COMÉDIE.
LE MARQUIS.

Après notre entretien, revenez ; nous verrons
Ensemble le parti que nous aurons à prendre.

ZÉRONÈS.

Fort bien : je vais, Monsieur, l'engager à descendre.
(*à part en s'en allant.*)
Mais je dirai toujours qu'on mette ses chevaux.

SCENE VII.
LE MARQUIS, (*seul.*)

Ah ! je me vengerai de leurs lâches complots.
Ce n'est pas d'aujourd'hui que ces petites ames
S'acharnent à me nuire. Il faut apprendre aux femmes
Qu'elles n'ont pas le droit de nous lancer des traits
Que de la part d'un homme on ne souffre jamais.
L'effet en est égal. Seulement la manière
D'en demander raison de quelques points diffère :
Mais enfin elle existe ; et je ne puis songer
Qu'on endure un outrage aussi doux à venger.
On vient : c'est Rosalie.

SCENE VIII.

LE MARQUIS, ROSALIE.

(A l'arrivée de Rosalie, le Marquis s'empare avec adresse du fond du Théâtre pour l'empêcher de s'échapper.)

ROSALIE *(l'appercevant dans ce moment).*

AH! Ciel!.. le vil manége!
Quoi! vous osez, Monsieur, me tendre un pareil piége!

LE MARQUIS.

Arrêtez, Rosalie, il faut que mes discours....

ROSALIE *(avec impétuosité).*

Non, fuyez: je ne veux vous revoir de mes jours...

LE MARQUIS *(vivement & avec force).*

Vous ne pouvez m'ôter le droit de me défendre,
Madame: vous m'avez condamné sans m'entendre:
Vos parens, vos amis m'osent calomnier:
Laissez-moi les moyens de me justifier.
Je vous perds pour jamais: ce seul instant me reste.
Craignez mon désespoir: il peut m'être funeste.

ROSALIE.

Non, laissez moi, vous dis-je: une fatale erreur
N'a pas séduit mes sens: je n'ai pas dans le cœur
Ce qu'il faut pour vous croire.

COMÉDIE.

LE MARQUIS (*avec menace.*)

Ah ! je le fais, Madame;
Mais c'est votre justice ici que je reclame;
Ou je vais, n'écoutant qu'un trop juste courroux,
Venger l'indigne affront que je souffre pour vous.

ROSALIE (*saisie d'effroi*).

Vous me faites frémir.

LE MARQUIS.

Ah ! soyez sans alarmes.
Je menace en pleurant : voyez couler mes larmes :
Je les retiens à peine, et tombe à vos genoux....

(*Il se cache le visage, en tombant aux genoux de Rosalie.*)

(*Relevant la tête, & faisant semblant de s'essuyer les yeux.*)

Je vous revois au moins.... mon destin est trop doux...
Hélas.... (*Il faut passer ici à la réplique de Rosalie A votre cœur, je ne puis rien comprendre, les vers suivans, marqués avec des guillemets, ayant été supprimés à la représentation.*)

» Je ne l'espérois plus.

ROSALIE.

Que prétendez-vous faire ?

» Vous m'avez attiré le courroux de mon pere.
» Il ne veut plus me voir : je suis perdue.... Hélas!
» Je sens qu'à ce malheur je ne survivrai pas.

LE MARQUIS (*toujours à genoux*). *

„ Ah ! je sais vos dangers : ils sont plus grands encore
„ Que vous ne le pensez.

ROSALIE.

En est-il que j'ignore !....
„ Je tremble, à chaque instant, s'il alloit revenir....
„ Sauvons-lui la douleur d'avoir à me punir.

(*Elle fait quelques pas pour sortir.*)

LE MARQUIS (*faisant semblant de se trouver
mal.*) *

„ Ah ! Dieu !....

ROSALIE (*se retournant*).

Quoi !...

LE MARQUIS (*se relevant avec peine*).

Ce n'est rien.

ROSALIE.

Que vois-je !

---

*J'avois pensé que Rosalie devoit résister à tous les moyens que le Marquis avoit employés jusque là, pour la déterminer à rester un moment ; & j'avois imaginé celui-ci pour donner à une jeune personne très innocente un motif plus excusable. Le sort qu'il a eu à la Cour m'a fait prendre le parti de le supprimer à Paris ; mais j'avoue que je suis encore dans l'incertitude sur l'effet qu'il y auroit produit. Je soumets ce doute au jugement du Lecteur.

COMÉDIE.

LE MARQUIS (*se traînant sur un fauteuil.*)

» Une foiblesse
» M'a pris tout-à-coup.

ROSALIE.

Ciel!

LE MARQUIS.

» Quelle douleur m'oppresse
» Ah!... Rosalie...

ROSALIE (*revenant sur ses pas lentement*).

Eh bien !...

LE MARQUIS.

» Ne vous exposez pas
» A la rigueur d'un pere, à ses fougueux éclats:
» Fuyez.

ROSALIE.

A votre cœur, je ne puis rien comprendre.

LE MARQUIS. (*toujours assis & jouant la foiblesse.*) *

Tout le mal est venu de ne pas nous entendre....
Ce que j'éprouve ici n'est point un changement....
Nous n'avons pu jamais nous parler un moment....

---

* Je ne laisse subsister cette note et les deux suivantes, que pour faire connoître cette partie de la scène telle que je l'avois d'abord conçue.

Encor fi votre amie avoit été la mienne !...
Mais ne fouffrir jamais que je vous entretienne !

ROSALIE.

Ah ! ne l'accufez pas, et fur-tout devant moi :
A fa tendre amitié je fais ce que je doi.

LE MARQUIS (*voyant que Rofalie refte, il a l'air de revenir à lui par degrés.*)

Aimez-là, j'y confens... Je fuis loin, Rofalie,
De vous en détourner.... Mais votre modeftie
Vous trompe en ce moment, et vous vous aveuglez....

(*Il fe relève & reprend fes forces infenfiblement.*)

Connoiffez donc enfin tout ce que vous valez....
Jouiffez de vous-même, et regnez fur votre ame....
De quoi vous ont fervi les confeils d'une femme !...
Je craignois vos regards encor plus que les fiens.
La Nature a fur vous prodigué tous fes biens.
Vous êtes à mes yeux fon plus parfait ouvrage.
Votre efprit déjà mûr a devancé votre age :
La raifon le conduit ; et vos rares vertus,
Prennent de cet accord une force de plus.
Ce n'eft que par l'amour le plus pur, le plus tendre,
Que l'on doit fe flatter de pouvoir vous furprendre.
C'etoient-là tous mes droits : Sans un titre auffi doux,
Aurois-je ofé jamais lever les yeux fur vous !

ROSALIE.

Cet éloge trompeur cache une perfidie.
Supprimez ces difcours : croyez-moi.

COMÉDIE.

LE MARQUIS.

       Rosalie,
Je vais vous quitter.... Non ; ce n'est plus votre amant,
Ce n'est qu'un tendre ami qui parle en ce moment,
Tout est fini pour moi : je n'ai rien à prétendre....
 (*Avec beaucoup d'apprêt & de mystere.*)
Mais il est un secret que je dois vous apprendre,...
Avant de m'éloigner si je n'ouvre vos yeux,
Je perds jusqu'à l'espoir d'être seul malheureux.....
Vous vous troublez..Comment ! voulez-vous que je fuie ?
Ordonnez ; à l'instant, vous serez obéie.

ROSALIE.

Mais....je ne conçois pas....

LE MARQUIS.

     Dites-moi, sans courroux :
Croyez-vous à l'amour dont je brûle pour vous ?

ROSALIE.

J'ai sû que vous aviez des projets de vengeance ;
Et que dans tous vos soins votre unique espérance
Etoit de me tromper.

LE MARQUIS (*vivement*)

     Oh ! j'en étois certain.
Mais quand je n'aurois eu que cet affreux dessein,
Dans des termes brûlans j'aurois avec adresse
Enveloppé l'erreur d'une fausse tendresse :
J'aurois toujours mêlé dans mon expression

G

Les vrais accens du cœur et de la passion....
A présent, dites-moi : quels discours votre amie
Vous a-t-elle rendus ?....Répondez, je vous prie.

ROSALIE.

Je conviens avec vous qu'elle a, jusqu'à ce jour,
Sur un ton différent parlé de votre amour.

LE MARQUIS (*plus vivement.*)

Déjà sur cet article elle est donc infidèle !
Ne conviendrez-vous point aussi que la cruelle,
De nos premiers momens protégeant la douceur,
N'opposoit nul obstacle à ma naissante ardeur :
Mais que bientôt après arrachant l'un à l'autre,
Séparant sans pitié mon ame de la vôtre,
Je me suis vû forcé d'embrasser ses genoux
Et d'y porter les pleurs que je versois pour vous ?

ROSALIE (*avec une impatience mêlée
d'amertume.*)

Eh ! bien ?

LE MARQUIS (*plus vivement.*)

Vous l'avez vue, alarmant votre père,
Combattre les progrès de mes soins pour lui plaire,
Et vouloir de son cœur bannir les sentimens
Qui déjà me mettoient au rang de ses enfans.....

ROSALIE, (*de même, avec une expression plus forte
qui s'augmente dans les deux répliques suivantes.*)

Mais enfin, ce secret....

COMÉDIE.

LE MARQUIS, (*avec repos & douceur.*)

      Oh! douce confiance,
Trompeuse illusion de l'aimable innocence!
Vous ne m'entendez pas?.... vous ne soupçonnez rien?

ROSALIE.

Non: parlez.

LE MARQUIS, (*avec préparation.*)
    Sachez donc que votre amie....

ROSALIE,
        Enfin?

LE MARQUIS.

Que la nécessité de lui parler sans cesse,
De la rendre témoin de ma vive tendresse,
D'implorer ses bontés, d'intéresser son cœur,
A trompé sa foiblesse et fait notre malheur.....
Qu'elle est votre rivale.

ROSALIE, (*avec saisissement.*)
     O lumière funeste!
Pourquoi m'arrachez-vous le seul bien qui me reste!....
Mais, moi, je pourrois croire une pareille horreur!
Non: de ce vil détour j'entrevois la noirceur;
Et vous savez trop bien que ma fidele amie
Est l'unique soutien de mon cœur!

LE MARQUIS.
       Rosalie,
Je vais vous quitter..... quoi! dans ce dernier moment,
Rien ne peut vous tirer de votre aveuglement?

Vous attendez, sans doute, une preuve plus forte.
Il faut vous la donner : il m'en coûte, n'importe.
Je ne puis, à ce point, me voir humilié.
Votre sort en dépend : je suis justifié....

(*Lui donnant le portrait d'Orphise qu'il a dérobé.*)

Connoissez à quel titre et sur quelle assurance
Elle osoit se flatter de ma reconnoissance.

ROSALIE,

Son portrait ! se peut-il ?... Oui : je le reconnois...

(*Regardant le portrait et fondant en larmes.*)

Hélas ! depuis long-tems tu me le destinois....
Je n'ai donc plus personne au monde !...

LE MARQUIS.

Sa vengeance
De ses appas sur nous a puni l'impuissance.
Elle ajoute l'outrage au plus cruel refus....
Savez-vous par quel piége elle nous a perdus ?...

ROSALIE.

Non : je veux l'ignorer.

LE MARQUIS (*reprenant avec impétuosité.*)

Ah ! j'avois lieu de croire
Qu'elle vous cacheroit une trame si noire.
Enfin apprenez tout : voyant que mon amour
Trompoit son espérance et croissoit chaque jour,
Que je ne pouvois plus devenir sa conquête,

COMÉDIE.

Voici les moyens doux et la ressource honnête
Dont elle s'est servie....

(*Il lui donne la copie des informations contre lui.*)

ROSALIE.
Eh! quoi?

LE MARQUIS.
Prenez: lisez....
Un billet anonime.

ROSALIE. (*Après un moment de silence & lisant.*)
O ciel!

LE MARQUIS.
Vous frémissez!
J'aurois du vous cacher ce trait abominable....
Eh! bien de ces horreurs me croyez-vous capable?

ROSALIE. (*avec une méfiance mêlée de terreur.*)
Ah! Marquis!

LE MARQUIS.
Auriez-vous pu les imaginer?

ROSALIE. (*de même.*)
Ah! Marquis!

LE MARQUIS.
Les avis que je vais vous donner
Sont encore plus cruels. Sachez que votre père,
Dont vous avez déjà ressenti la colere,

G iij

Va demain au couvent vous traîner pour toujours,
Et laisser dans l'oubli consumer vos beaux jours :
Ou, s'il vous en retire, un choix honteux, bisare,
Comblera les horreurs du sort qu'il vous prépare,
Tandis que, loin de vous, seul avec mon amour,
Privé de mes amis, m'exilant de la cour
Où je vous ai promise, où, long-tems attendue,
On me reprocheroit de vous avoir perdue,
Honteux, désespéré, j'attendrai que la mort
Vienne enfin terminer ma douleur, et mon sort.
De cet horrible écrit telle est la suite affreuse.

ROSALIE. (*saisie d'effroi.*)

Oui, je le sens : je suis à jamais malheureuse :
Mais, sans vous accuser, c'est à vous que je doi
Ce que je vais souffrir.

LE MARQUIS. (*très-vivement.*)

Il est vrai c'est à moi,
Mais j'y vois un remede, et sûr, et nécessaire.

ROSALIE.

Hélas ! qui me rendra mon amie et mon pere !

LE MARQUIS. (*de même.*)

Ma mere est à Paris : je vole à ses genoux.
C'est elle qui connoit l'amour que j'ai pour vous !
Je lui peindrai si bien votre injuste famille,
Qu'elle va dès l'instant vous adopter pour fille.
Je réponds de son zèle à servir notre espoir.

COMÉDIE.

(avec préparation & baissant la voix.)

Si vous y consentez, le tems presse,..... ce soir,.....
Pour vous mettre à l'abri du coup qui vous menace,
Elle viendra vous prendre.... au bas de la terrasse...
A la chûte du jour. Ma sœur suivra ses pas.
Moi, si vous l'ordonnez, je ne paroitrai pas.

ROSALIE *(avec saisissement).*

Que me conseillez-vous?....

LE MARQUIS *(ne lui laissant pas le temps de respirer.)*

      Vous n'avez plus de pere.
Il n'est que ce moyen qui puisse vous soustraire
A l'avenir affreux qui vous est préparé.
Rassurez-vous : demain, tout sera réparé.
Ma mere vient ici conjurer votre pere
De conclure un hymen devenu nécessaire
Pour éviter l'éclat, les faux bruits contre vous;
Et, dans le même jour, je deviens votre époux.

ROSALIE *(dans l'égarement de l'effroi et de la douleur).*

Hélas! pourquoi faut-il que vous m'ayez revue!
Je sens que je m'égare, et ma tête est perdue.
Un précipice affreux est ouvert sous mes pas.
Pardonnez-moi plutôt, et ne vous vengez pas.

LE MARQUIS.

C'est moi que vous craignez, quand un autre menace!

LE SÉDUCTEUR,
ROSALIE.

Je ne fçais : je frémis : un froid mortel me glace.

(*Elle veut fortir : le Marquis s'y oppofe.*)

Ne me retenez plus.

LE MARQUIS.

Vous voulez me quitter,
Sans rien promettre !

ROSALIE.

Non : ceffez de m'arrêter,
Pour vous, pour votre honneur, fi ce n'eft pour moi-même.
Si vous m'aimez, on doit refpecter ce qu'on aime.
Ah ! je vous en conjure, au nom de mes malheurs.
Je n'aurai pas du moins à rougir de mes pleurs.

LE MARQUIS.

Mais que redoutez-vous ? ce que je vous propofe
Affure votre fort, à rien ne vous expofe.
Songez......

ROSALIE.

Non, par pitié, par grace, laiffez-moi
Voir et ce que je puis, et ce que je me doi.

(*avec amertume & terreur.*)

Hélas ! fi vous faviez le mal que vous me faites !

LE MARQUIS. (*lui rendant fa liberté.*)

Fille divine ! eh ! bien, foyez ce que vous êtes,

COMÉDIE.

(*recourant après elle.*)

Ce que vous voulez être, allez. Au moins daignez
Me dire, en me quittant, que vous me pardonnez.
(*Il lui prend la main pour la retenir.*

ROSALIE.

(*avec une impatience plus douloureuse que vive.*)

Pourquoi !

LE MARQUIS.

Vous le devez.

ROSALIE. (*de même.*)

Ah !

LE MARQUIS.

Ce mot vous étonne !
Dites : je vous pardonne.

ROSALIE. [*avec un consentement forcé qui marque son desir de s'échapper.*]

Eh ! bien, je vous pardonne.

LE MARQUIS. [*insistant.*]

Du fond du cœur !

ROSALIE. [*de même.*]

Hélas !

LE MARQUIS.

Eh ! bien ?

ROSALIE. [*de même.*]

        Du fond du cœur.

LE MARQUIS. [*très-vivement.*]

J'abandonne en vos mains ma vie et mon bonheur.
Quelque soit le parti que votre cœur préfere,
Au rendez-vous donné vous trouverez ma mere.

SCENE IX.

LE MARQUIS, ZÉRONÈS.

LE MARQUIS, (*seul.*)

Elle ne m'aime pas : mais je ne crains plus rien ;
Et la tête est perdue : il ne faut plus....

ZÉRONÈS. (*accourant.*)

                        Eh! bien?

LE MARQUIS.

Quoi ! j'ai vu, j'ai vaincu.

ZÉRONÈS.

              Vous êtes incroyable !

LE MARQUIS.

Allons, mettez-vous là : cherchez dans cette table
De l'encre, du papier.

ZÉRONÈS. (*toujours dans l'étonnement*)

            Vous avez donc pleuré,
Joué la passion, fait le désespéré !

COMÉDIE.
LE MARQUIS.

Sans doute. Rofalie a l'amour pathétique
Et, comme vous favez, cela fe communique.

ZÉRONÈS.

Ma foi, fi je l'entens !

(Il prépare ce qu'il faut pour écrire.)

LE MARQUIS.

Quoi ! rien n'eſt plus aifé.
On s'échauffe avec peine auprès d'un cœur ufé :
Mais, auprès d'une enfant encore naïve et pure,
On revient, fans efforts, au ton de la Nature :
Des doux accens de l'ame on fe penetre alors ;
Et l'efprit quelquefois en faifit les accords.
Ah ! fi, dans ces momens, les femmes plus rufées
Vouloient ne pas tenir leur paupieres baiffées,
Et chercher dans nos yeux nos larmes, nos foupirs,
Qu'elles s'épargneroient de cruels repentirs !
C'eſt-là tout le fecret.

ZÉRONÈS.

Il feroit charitable
De leur en faire part : là, foyez raifonnable.

LE MARQUIS.

Ah ! quand je ferai vieux, je les en inſtruirai.
Je tiendrai mon école, où je leur apprendrai
Les fecrets de l'attaque, et ceux de la défenſe ;
Et.... j'aurai bien mes droits à leur reconnoiffance.

108 LE SÉDUCTEUR;
ZÉRONÈS.

Je suis prêt.

LE MARQUIS.

Écrivez..... de la main gauche.

ZÉRONÈS. (*étonné.*)

Bon!

LE MARQUIS.

Point d'ortographe.

ZÉRONÈS, (*de même.*)

Ah! ah!.... point d'ortographe?

LE MARQUIS.

Non.

ZÉRONÈS, (*enchanté.*)

Tant mieux.

LE MARQUIS, [*dictant sa lettre.*]

« Venez, ma chère fille, venez vous jetter dans mes
» bras. Votre situation est affreuse. Mon fils est dans
» un état qui vous feroit pitié. Je tremble pour sa
» vie. Je n'ai pas osé le mener avec moi, craignant
» des éclats funestes qui pourroient hasarder votre
» réputation : mais je n'ai pu refuser à ma fille le
» plaisir de venir embrasser sa sœur : (car c'est ainsi
» qu'elle vous nomme déjà.) Si vous craignez de partir
» avec nous, venez du moins nous voir un moment,
» & consulter ensemble sur les moyens les plus hon-
» nêtes & les plus sûrs pour vous sauver : car vous

COMÉDIE.

» êtes perdue, ma chere fille. Venez donc, je vous
» attends avec une impatience égale à vos malheurs ».

Bien, voilà tout.

ZÉRONÈS.

Ma foi, c'est un mystere....

LE MARQUIS.

Quoi ! vous venez d'écrire un billet de ma mère.
Signez donc.

ZÉRONÈS.

Mais, Monsieur, avec tout votre esprit,
Vous ne prouverez pas....

LE MARQUIS.

Elle l'auroit écrit :
C'est la même chose.

ZÉRONÈS.

Ah ! (*il signe.*)

LE MARQUIS.

Dans une heure & demie,
Remettez ce billet vous-même à Rosalie ;
Ensuite au bas du parc vous viendrez me trouver.
Vous en avez les clefs ?

ZÉRONÈS.

Oui, mais c'est approuver....

LE MARQUIS.

Qu'appercevez-vous la qui ne puisse se faire ?

LE SEDUCTEUR,

ZÉRONÈS.

Oh! dans un certain sens, non : j'entends bien l'affaire;
Mais, encore une fois, le siecle est retardé ;
Et.....

LE MARQUIS.

C'est pour l'avancer.

ZÉRONÈS.

Moi, je suis décidé.
Je vois la chose en grand.

LE MARQUIS (*vivement*).

Bien : pendant mon absence
De tous les conjurés rompez l'intelligence.
Il faut les diviser pour en avoir raison.
Achevez de brouiller Darmance avec Orgon,
Le pere avec la fille ; et de mon ennemie
Sur-tout ayez grand soin d'éloigner Rosalie.
Enfin, mon cher Docteur, vous vous souvenez bien
De nos conventions : je veux que dès demain
Vous habitiez chez moi. L'heure fuit, le temps vole,
Adieu : pour commencer à tenir ma parole,
Je vais tout ordonner pour votre appartement.

ZÉRONÈS (*seul*).

Allons : en vérité, c'est un homme charmant.

Fin du quatrième Acte.

COMÉDIE.

ACTE V.
[*Le Théâtre change & repréfente un Jardin.*]

SCENE PREMIERE.

ZÉRONÈS, LE MARQUIS (*en furtout gris, l'épée fous le bras, & le chapeau fur la tête.*)

LE MARQUIS.

Allons : il ne faut pas s'approcher davantage. En trois fentiers ici la route fe partage.... Où mene le premier ? [A]

ZÉRONÈS.

Au château.

LE MARQUIS.

Celui-ci ? [B]

NOTE pour les repréfentations de cette Piece, en Province, ou en fociété.

Il faudra bien convenir ici de fes faits, pour que les forties et les entrées fuivantes fe faffent fans confufion. C'eft par le premier fentier [A] que Zéronès doit s'enfuir à la fin de cette fcene, comme étant le chemin le plus court. Orphife, Mélife, et Damis, pour retourner au Château, prennent la même route que Zéronès; mais doivent arriver fur la fcene par le fecond fentier, [B] étant cenfés avoir couru déjà dans le parc, pour chercher Rofalie; comme celle-ci arrive fur les traces d'Orphife, c'eft donc par le même fentier qu'elle doit entrer fur la fcene, ainfi que Darmance qui a fuivi les pas de Rofalie: cet ordre eft indifpenfable.

LE SÉDUCTEUR,

ZÉRONÈS.
Par un plus long détour il y ramene aussi.

LE MARQUIS.
Tant pis.

ZÉRONÈS.
Ma foi, Monsieur, c'est déjà trop d'audace.
Croyez-moi, retournons au bas de la terrasse,
Au lieu du rendez-vous enfin.

LE MARQUIS.
Quelle raison !

ZÉRONÈS.
Songez que nous voici tout près de la maison.
La nuit n'est point obscure : on nous verra sans doute.
Retournons....

LE MARQUIS.
Ignorant !.. Le remords sur la route
Attendroit Rosalie, et bientôt....

ZÉRONÈS.
Mais comment
Vous disculper après de cet enlèvement ?

LE MARQUIS.
Quoi ! n'avez-vous pas vu ma sœur dans la voiture !

ZÉRONÈS.
Oh ! sans doute.

LE

COMÉDIE.

LE MARQUIS.

Et ma mere ?

ZÉRONÈS.

Oui : leur ton, leur figure
L'annoncent tout-à-fait... vous riez... mais ma foi,...
Si....

LE MARQUIS.

Savez-vous le nom de ces deux dames ?

ZÉRONÈS.

Moi ?
Je ne veux point entrer, Monsieur, dans cette affaire.

LE MARQUIS.

L'heure se passe.... Eh bien, viendra-t-on ?

ZÉRONÈS.

Je l'espere.

LE MARQUIS.

Rosalie a reçu le billet ?

ZÉRONÈS.

Sûrement.
Du moins je l'ai glissé sous sa porte.

LE MARQUIS.

Comment ?
Mais avez-vous bien dit qu'il étoit de ma mere ?

ZÉRONÈS.

Sans doute.

H

LE SÉDUCTEUR,

LE MARQUIS.

Orgon toujours est-il bien en colere?

ZÉRONÈS.

Oh! dans une fureur!.... vous n'imaginez pas.
Il nous accuse tous dans ses fougueux éclats.
Il veut qu'à l'instant même on éloigne Darmance;
Que sa fille au couvent se rende en diligence :
Pour Orphise, elle pleure, elle est au désespoir.
Rosalie a toujours refusé de la voir;
Et, pendant votre absence, elle s'est enfermée.

LE MARQUIS.

Fort bien.

ZÉRONÈS.

Sa tendre amie, inquiete, alarmée,
Près de sa porte enfin s'obstine à demeurer.
Elle ne répond rien et la laisse pleurer.

LE MARQUIS.

A merveille.

ZÉRONÈS.

Sans doute elle est déja sortie.

LE MARQUIS.

Pauvre enfant !..... je devrois la croire assez punie.
Et, content désormais d'avoir pû me venger,
Lui laisser seulement l'image du danger....
Ce seroit, je l'avoue, une action charmante....
Qui me rendroit beaucoup..... oui : ce calcul me tente.

COMÉDIE.

ZÉRONÈS.

Eh! bien, je suis charmé.....

LE MARQUIS. [*vivement.*]
　　　　　Mais, non : qui le croiroit !
Il faut franchir le pas : allons : mon seul regret
(Si j'en ai) c'est de voir qu'un fâcheux himenée
Va suivre tôt ou tard cette heureuse journée.

ZÉRONÈS.

Mais je l'espere bien.

LE MARQUIS.
　　　　　Si j'en viens là jamais,
Rosalie à l'instant perdra tous ses attraits.

ZÉRONÈS.

Mais vous n'y pensez pas : comment ! elle est si belle !

LE MARQUIS.

Oh! oui : dans un désert je lui serois fidele.....
Je ne sais cependant quel espoir me seduit.
Cette sombre clarté de l'astre de la nuit,
Ces bois, ce rendez-vous, le charme du mystere
Embellit Rosalie et me la rend plus chere.
O moment de l'attente ! instant délicieux,
Où l'amour tient encor son bandeau sur nos yeux,
Combien on vous regrette auprès de ce qu'on aime !
Ah! vous êtes pour moi la volupté suprême !
Mais plus heureux le sort de ces esprits bornés
Qui de la vérité sont toujours étonnés,

H ij

116　　LE SÉDUCTEUR,

Qu'aucun songe n'abuse avant la jouissance,
Et qui, dans les élans de leur froide espérance,
Sont encor au-dessous de l'objet de leurs vœux!...
Docteur, vous devez être un mortel bien heureux!

ZÉRONÈS.

Je n'ai pas travaillé beaucoup cette partie.

ORPHISE. (*derriere le théâtre.*)

Rosalie.

LE MARQUIS.

Orphise!

ZÉRONÈS.

Ah!

ORPHISE. (*s'avançant sur le théâtre échevelée & dans le désordre de la douleur. Mélise & Damis l'accompagnent*) [*]

Ma chere Rosalie.

[*Le Marquis s'enfuit par une allée d'où il est sorti, Zéronès par une allée opposée qui est censée conduire au château.*

―――――――――――――

* Cette note ne pourroit convenir que dans le cas où l'on exécuteroit la scène suivante, qu'on m'a conseillé de supprimer après la premiere représentation. Aujourd'hui elle ne me paroit pas inutile, et je soumets encore cette décision à mon Lecteur. Voici la scene telle que je l'avois faite il y a six ans. Autrement Orphise ne doit pas se montrer.

SCÈNE II.
ORPHISE, MÉLISE, DAMIS.
ORPHISE.

Elle ne m'entend plus! c'en est donc fait, hélas!
Quelle est ma destinée! attachée à ses pas,
Tranquille dans le sein d'une amitié si tendre,
Des piéges de l'Amour je croyois me défendre,
Et l'amitié me rend plus malheureuse encor.
Qu'êtes-vous devenu, mon appui, mon support!

DAMIS.

Ah! Madame, calmez cette frayeur mortelle.
Sans doute Rosalie est encore chez elle.
Revenez.

ORPHISE.
Non, Damis : muette à mes douleurs
Quand vous m'avez surprise à sa porte, mes pleurs,
Mes sanglots l'appelloient, et ma cruelle amie....

MÉLISE.

Oh! ciel, si dans sa chambre elle est évanouie!
Après tant de chagrins peut-être....

ORPHISE.
Je frémis.
Précipitons nos pas. Revenez, mes amis....
Faisons tout pour la voir, et cachons à son pere
Des soupçons qui pourroient réveiller sa colere.

[*Ils sortent par la même coulisse que Zéronès.*]

SCENE III.

ROSALIE (*arrivant sur les traces d'Orphise de Mélise et de Damis.*)

Orphise m'appelloit.... J'ai cru l'entendre... hélas !
J'accourois, je venois me jetter dans ses bras,
Lui pardonner peut-être. Une frayeur soudaine
S'empare de mes sens.... Me voilà seule.... à peine
Puis-je me soutenir.... Je perds tout en ce jour.
L'amitié m'a trompée aussi-bien que l'amour.
Mon père me restoit, et j'ai perdu mon pere....
Du Marquis seulement la respectable mere
S'intéresse à mon sort, et vient à mon secours....
Elle est là qui m'attend.... Ses conseils, ses discours
Peut-être adouciroient la douleur qui m'accable.
L'alarme est au chateau : je suis déja coupable.
Elle seule à présent peut me justifier.
Allons l'implorer.

[*Elle fait quelques pas vers la coulisse par où le Marquis étoit entré.*]

[*S'arretant.*]

Ciel ! quel cri vient m'effrayer !
Je crois entendre encor la voix de mon amie :
Je l'entends m'appeller sa chere Rosalie.
Non ; malgré la terreur d'un avenir affreux,
Je ne pourrai jamais m'arracher de ces lieux.
Toi, qui me fus si cher dès ma plus tendre enfance,

Et qui m'aimas peut-être, Ah! sans ton inconstance,
Je ne me verrois pas dans le doute où je suis.
Oui, c'est toi que je hais: Oui, c'est toi que je fuis.
Mon pere me menace, et j'aime encore mon pere.
Orphise me trahit: elle m'est toujours chere....
J'entends du bruit.... O ciel si c'étoit le Marquis!...

SCÉNE IV.

ROSALIE, DARMANCE (*arrivant sur les traces de Rosalie.*)

DARMANCE. [À part.]

Ah! je respire enfin! c'est elle.

ROSALIE, (*ne le reconnoissant point encore, & le prenant pour le Marquis.*)

Je frémis.
N'approchez pas.

DARMANCE.

Combien vous craignez ma présence!
Avec quelle rigueur!....

ROSALIE. (*à part.*)

Ah! grand Dieu, c'est Darmance.

DARMANCE.

Quoi? dans le seul moment où je puis vous parler!...

LE SÉDUCTEUR,

ROSALIE.

Ah! ne me quittez pas.

DARMANCE.

Vous me faites trembler.
Connoissant le sujet de vos vives alarmes,
J'épiois le moment de vous porter mes larmes :
Je vous ai vu descendre ; et, lisant dans vos yeux
Les signes trop certains d'un désespoir affreux,
J'ai suivi tous vos pas, plus troublé que vous-même.

ROSALIE.

Que vous fait ma douleur, mon désespoir extrême!
S'il a pu m'égarer, vous me justifiez.

DARMANCE.

Ah! c'est en criminel que je viens à vos pieds.
Ne me rappellez point mes torts, ni mes outrages.
Ils vous donnent sur moi de trop grands avantages.

ROSALIE.
(à part.)

Hélas!

DARMANCE.

Mais, quelle crainte et quelle sombre horreur,
A depuis un moment, accablé votre cœur?
Vous ne regrettez point ce perfide, ce traitre,
Qui nous a tous trompés, que vous-même peut-être......

ROSALIE.

Quoi! vous avez appris?...

COMÉDIE,

DARMANCE.

Ce n'est que d'aujourd'hui
Que j'ai connu l'erreur qui m'attachoit à lui.
Quels regrets si ma sœur, par d'assurés indices,
N'eut trouvé le moyen de démasquer ses vices !

ROSALIE.

Comment ! c'est votre sœur dont les secrets avis ?....

DARMANCE.

C'est elle qui vous sauve, et je m'en applaudis.
Sans elle du Marquis vous étiez la victime :
Et moi, sans le savoir, complice de son crime,
A ses projets cruels j'étois associé.
O fatal ascendant d'une fausse amitié !
Hélas ! si vous saviez avec quel artifice
Il a su me conduire au dernier sacrifice,
Etouffant mes remords et la voix de mon cœur !
Je payerai de mes jours cette funeste erreur :
Rien ne peut m'excuser : je vous ai fait outrage :
Mais au moins, en mourant, un secret témoignage
Pourra me consoler d'avoir trahi ma foi ;
Mes fautes sont à lui, mes remords sont à moi.....
A quel espoir encor me laissé-je surprendre !
De ses pieges trompeurs tout devoit me défendre.
Isolé dans le monde il n'avoit point d'amis.
Partout il inspiroit la crainte ou le mépris.
Ses parens l'évitoient : sa sœur même l'abhorre.
Mais sa mere plus tendre et plus à plaindre encore,

LE SÉDUCTEUR,

Détestant ses défauts sans pouvoir le haïr,
A pris depuis deux jours le parti de le fuir ;
Et foible, languissante, une terre éloignée
Va fixer désormais sa triste destinée.

ROSALIE.

Que m'apprenez-vous ?

DARMANCE.

Ciel ! je vous vois fondre en pleurs.....
[à part.]
Et tout mon cœur se brise. O mortelles douleurs !

ROSALIE. [à part.]

O regrets éternels !

DARMANCE.

Calmez-vous, Rosalie.
Il vous reste du moins une fidele amie
Qui veille à votre sort, qui ne vit que pour vous.
Conjurant votre pere, et presque à ses genoux,
Dans ce moment encor je viens de la surprendre.
Son active amitié s'occupe à vous défendre.
Si vous aviez pu voir avec quelle chaleur !...

ROSALIE.

Hélas ! à chaque mot vous me percez le cœur....
Ramenez-moi, Darmance, aux genoux de mon pere.

DARMANCE.

Vous ne pouvez avoir de reproche à vous faire,
D'où naissent vos regrets !

COMÉDIE.

ROSALIE (à part).

Que me dit-il?

DARMANCE.

Parlez.

ROSALIE.

Je ne le puis.

DARMANCE.

Comment? devant moi vous tremblez!

ROSALIE.

Fuyons : je crains encor les embuches d'un traitre.

DARMANCE.

Ah! ne le craignez plus : s'il osoit reparoitre!...
Mais il est éloigné. Par ce coup imprévu
Qui rompt tous ses projets....

ROSALIE.

Hélas! je l'ai revu.

DARMANCE.

Ciel!

ROSALIE [très-vivement.]

Ne m'accablez pas : notre cause est commune.
Nous gémissons tous deux sous la même infortune.
Si, lorsque vous étiez assuré d'être à moi,
Le monstre vous a fait violer votre foi,
Jugez de son pouvoir sur ce cœur sans défense,
Privé depuis long-temps de sa seule espérance.

Avec quel art cruel, dans ce dernier moment,
Il a fçu profiter de mon faififfement !
Sans vous, fur un billet que l'on vient de me rendre,
J'ai cru que près d'ici la mere la plus tendre
M'attendoit....

DARMANCE.

Se peut-il ?

ROSALIE.

Oui, Darmance : et mon cœur
A pu croire un moment la voix de l'imposteur.
Dieu ! quel foible fecours garantit l'innocence !
De la féduction quelle eft donc la puiffance,
Si la crainte peut feule éloigner du devoir
Un cœur infortuné réduit au défefpoir !
Où puis-je déformais trainer ma deftinée ?
A d'éternels remords je me vois condamnée.
Il faut que je rougiffe et même devant vous.
Je n'ofe de mon pere embraffer les genoux.
Je crains de rencontrer les regards d'une amie.
Hélas ! j'ai tout perdu....

DARMANCE [après un moment de filence].

Cependant, Rofalie,
A l'afpect de ces lieux fi long-temps defirés,
L'intervalle cruel qui nous a feparés
Semble s'évanouir : je verfe d'autres larmes,
Et ce féjour fi cher reprend pour moi fes charmes.
Témoin de notre amour, de nos premiers fermens,
Je fens qu'il me ramene à ces heureux momens

COMÉDIE.

Dont le seul souvenir m'a fait souffrir la vie.

ROSALIE.

Que ces lieux sont changés, grand Dieu!

DARMANCE, (*vivement.*)

Non, Rosalie.
Non, si nous nous aimons encore.

ROSALIE.

Ah! pouvez-vous
Songer encore à moi!

DARMANCE.

Dieu! c'est à vos genoux
Que j'attends en tremblant mon arrêt ou ma grace.
Par quel retour faut-il que je vous satisfasse?
Indigne de pardon, je bénirai mon sort
Si pour moi la pitié peut vous parler encor.

ROSALIE.

Je suis la plus coupable. Il faut que je pardonne.

DARMANCE.

Oublions tous les deux....

ROSALIE, (*appercevant de loin des flambeaux.*)

Ciel! on vient: je frissonne.

SCENE V.

ROSALIE, DARMANCE, ORGON, DAMIS, ORPHISE, MÉLISE, ZÉRONÈS, VALETS *portant des flambeaux.*

ORGON, (*n'appercevant point encore Rosalie dans le fond du Théâtre.*)

Reviens, ma chere enfant......

DARMANCE.

Ah ! nous sommes perdus !
Votre pere......

ROSALIE.

Mon pere, ah ! je ne le crains plus.
Jettons-nous à ses pieds.

DAMIS, (*à Orphise, qui s'avance la premiere avec lui.*)

C'est elle.

ROSALIE, (*se jettant dans les bras d'Orphise.*)

Ah !

ORPHISE, (*la serrant dans ses bras.*)

Rosalie......
Quel mal vous m'avez fait !... Je vous vois, je l'oublie.

COMÉDIE.

ROSALIE, *aux genoux d'Orgon. Darmance s'y jette aussi*)

J'ai retrouvé le bien qui manquoit à mon cœur.
O mon pere, achevez de me rendre au bonheur.
Hélas, que je retrouve aussi votre tendresse.

DARMANCE.

Rosalie a daigné pardonner ma foiblesse.

ORGON.

Mais... Darmance en ce lieu! comment! expliquez-moi...

ROSALIE.

Vous ne connoissez pas tout ce que je lui doi.

ORPHISE.

O Ciel! se pourroit-il que ce monstre exécrable!...

ROSALIE, (*lui remettant la fausse lettre.*)

Lisez ce billet.

ORGON, (*lisant à côté d'Orphise.*)

Quoi ?

(*à Zéronès, après avoir lu.*)

Quel homme abominable!
Mais s'il étoit ici !....

MÉLISE.

Non, je reçois l'avis
Que, depuis plusieurs jours, tous ses pas sont suivis.
On a su dévoiler son horrible conduite.

LE SEDUCTEUR,

Rien ne peut le sauver que la plus prompte fuite.

ORGON.

Comme il nous a trompés! non, je n'en reviens pas.

ORPHISE, (à Rosalie.)

Et vous avez pu croire à cet écrit!

ROSALIE.
Hélas!

ORPHISE.

Vous!

ROSALIE.

Darmance est venu pour m'empêcher d'y croire.

ORPHISE.

Vous n'avez pas voulu m'en accorder la gloire.

ROSALIE.

Ah! mon cœur envers vous est bien plus criminel!

ORPHISE [à Orgon.]

Je vous l'avois prédit. Eh! bien, pere cruel,
Vous avois-je trompé? Vous voyez votre ouvrage.
Quel parti prenez-vous?

ORGON.

Le parti le plus sage :
De ne croire que vous, de vous abandonner
Le bonheur de ma fille, et de lui pardonner.

ZÉRONÈS,

COMÉDIE.

ZÉRONÈS. (*à part.*)

Ce malheureux Marquis perd tout par son audace.
Je voudrois l'informer du coup qui le menace.

ORPHISE. (*après avoir observé Darmance & Rosalie qui l'entourent en la suppliant.*)

De la séduction qui peut se garantir?...

[*Unissant leurs mains.*]

Ne vous séparez plus pour mieux vous secourir.
Que ce moment d'erreur vous guide, et vous éclaire.

ORGON.

Bien : venez, mes enfans, consolez votre pere.

LE MARQUIS. (*reparoissant dans le fond du théâtre.*)

Mais je ne conçois pas pourquoi....

ORGON.

Soyez heureux.

LE MARQUIS.

Ah! ah! fort bien.

[*Il se tient caché derriere un arbre, observant ce qui se passe.*]

ORGON.

Demain je comblerai vos vœux.
Pour moi, reconnoissant mes torts et ma foiblesse,

I

LE SÉDUCTEUR,

Je veux les réparer au sein de la sagesse ;
Et de ce digne ami....

(*Montrant Zéronès.*)

ROSALIE.

Lui, mon pere ! Ah ! je doî
Détromper votre cœur quand il fait tout pour moi.

(*Montrant Zéronès.*)

C'est lui qui m'a remis la lettre.

ORGON (*furieux.*)

Comment, traitre !

ZÉRONÈS.

Mais, Monsieur....

ORGON.

A mes yeux garde-toi de paroître.
Crains que je ne te livre à la rigueur des loix.
Ma colere du moins seroit juste une fois.
C'est vous seuls, mes enfans, qui charmerez ma vie;
Que mon amour pour vous soit ma philosophie.

SCENE VI ET DERNIERE.
LE MARQUIS, ZÉRONÈS.

LE MARQUIS (*accourant & saisissant Zéronès*).

Je rends grace à mon sort. Il ne m'a rien ôté.
J'enleve la sagesse au lieu de la beauté.

COMÉDIE.
ZÉRONÈS.

„ Fort bien : mais savez-vous qu'il faut prendre la fuite;
„ Et sans perdre un instant : que Mélise débite
„ Qu'on va vous arrêter ? Ce n'est point un faux bruit.
„ C'est un avis qui vient de quelqu'un bien instruit.
„ Nous voilà tous les deux dans de belles affaires.

LE MARQUIS (*après une pause*).

„ Allons attendre ailleurs le progrès des lumieres.
„ Je me suis trop pressé. Plaignons, mon cher Docteur,
„ Ceux qui jugent si mal votre esprit et mon cœur.

(*Les derniers vers marqués ici avec des guillemets ont été supprimés à la représentation.*)

Fin du cinquième & dernier Acte.

VARIANTES.

LE dénouement que l'on vient de lire est véritablement celui que je préfere, & que je me suis obstiné à ne point changer, depuis que j'ai terminé cette Comédie. Après la représentation de la Cour, ébranlé par les conseils de quelques personnes, je l'avois changé, comme on va le voir; & le jour de la premiere représentation à Paris, je croyois encore à midi qu'on exécuteroit le nouveau. Une Lettre du grand Acteur * à qui j'ai tant d'obligation m'a déterminé à rétablir l'ancien, & je crois qu'il avoit raison. Le Lecteur en jugera : mais qu'il se souvienne que le Séducteur a été congédié d'une maniere assez dure au quatrieme Acte; qu'après avoir été démasqué par tout

---

* M. Molé.

VARIANTES.

le monde, il revient au cinquieme pour être témoin de l'horreur qu'il inspire, se voir enlever sa proie, & qu'enfin, menacé d'être arrêté, il est véritablement forcé de chercher un asyle hors de France. On ne le regarde point comme puni, parce qu'il s'en va avec un trait d'insouciance & de gaieté; mais je soutiens qu'un homme de ce caractere ne peut être puni que par le fait, & qu'il ne doit pas foiblir un instant; & je sais bien où j'ai puisé cette leçon. Malgré cela, je céderai volontiers à de meilleures raisons que les miennes; & pour le prouver, je soumets le nouveau dénouement à la décision du Lecteur.

***

ACTE V.
SCENE V.

ROSALIE, DARMANCE, ORGON, DAMIS, ORPHISE, &c.
Voyez page 126.

ROSALIE (*remettant à Orphise la fausse lettre.*)
» Lisez ce billet.

ORGON (*lisant avec Orphise.*)

» Quoi! (*après avoir lu*) quel homme abominable!
(*à Zéronès*)
» Eh! bien, mon digne ami...

ROSALIE (*vivement*)
» Lui! mon pere: Ah! je dois
» Détromper votre cœur & votre bonne foi.
» C'est lui qui m'a remis la lettre.

ORGON.
» Comment traître!

ZÉRONÈS.
» Mais, Monsieur....

VARIANTES.
ORGON.
» A mes yeux gardes-toi de paroître,
» Crains que je ne te livre à la rigueur des loix.
» Ma colère du moins seroit juste une fois.

(à ses gens)

» Suivez ce malheureux : allez : je vous l'ordonne :
» Et gardez en sortant qu'il ne parle à personne.

DAMIS *(à part aux gens d'Orgon.)*

» Non, restez : c'est à moi d'accompagner ses pas.

(Il sort accompagnant Zéronès.)

SCENE VI.
ROSALIE, DARMANCE, ORGON, ORPHISE, MÉLISE, VALETS, &c.

ORPHISE.
» Et vous avez pu croire à cet écrit !

ROSALIE.
                              » Hélas !

ORPHISE.
» Vous !

ROSALIE.
» Darmance est venu pour m'empêcher d'y croire.

ORPHISE.
» Vous n'avez pas voulu m'en accorder la gloire.

ROSALIE.
» Ah ! mon cœur envers vous est bien plus criminel !

ORPHISE *(à Orgon)*
» Je vous l'avois prédit. Eh ! bien, pere cruel,
» Quel parti prenez-vous ?

VARIANTES.

ORGON.
» Le parti le plus sage :
» De ne croire que vous, de vous abandonner
» Le bonheur de ma fille & de lui pardonner.

ORPHISE.
(*Après avoir considéré les deux jeunes gens qui l'entourent en la suppliant.*)
» Je vois qu'il faut ici que chacun se pardonne.
» Allons : je vais user du pouvoir qu'on me donne.
» De la séduction qui peut se garantir !
(*unissant leurs mains.*)
» Ne vous séparez plus pour mieux vous secourir.
» Que ce moment d'erreur vous guide & vous éclaire.

ORGON.
» Bien : venez, mes enfans, consolez votre père.
» Je cède, & je consens que vous soyez heureux.
» Demain, sans plus tarder, je comblerai vos vœux.

SCENE VII ET DERNIERE.
LES ACTEURS PRÉCÉDENS, DAMIS.

DAMIS (*revenant d'accompagner Zéronés*).
» On vous fera, Monsieur, une prompte justice.
» Assuré du Marquis, on saisit son complice.

ORGON.
» Rendons grace au pouvoir qui nous a tous vengés :
» Mais ma crédulité vous a seule outragés.
» C'est vous seuls, mes enfans, qui charmerez ma vie.
» Que mon amour pour vous soit ma philosophie.

FIN.

VARIANTES.

Alors, pour préparer la punition du Marquis, je changerois ainsi la Scene II du V.e Acte, page 117, qui a été supprimée après la premiere représentation.

MÉLISE.

» Mais daignez m'écouter & retenez ces cris.
» Vous n'avez rien à craindre : Oui, j'en reçois l'avis.
» On a sçu du Marquis dévoiler la conduite.
» Rien ne peut le sauver que la plus prompte fuite.

ORPHISE.

» Mais Rosalie est donc muette à mes douleurs.
Quand vous m'avez surprise à sa porte, mes pleurs,
Mes sanglots l'appelloient, et ma cruelle amie.....

DAMIS.

» Oh! Ciel! si dans sa chambre elle est évanouie!
Après tant de chagrins peut-être.....

ORPHISE.
        Je frémis.
Précipitons nos pas. Soutenez-moi Damis.....
Faisons tout pour la voir, et cachons à son père
Des soupçons qui pourroient réveiller sa colere.

(C'est sur ces points délicats que je demande des conseils donnés avec réflexion & impartialité, & c'est ainsi que je puis avoir véritablement obligation à mes Juges.)

Lu et approuvé, ce 9 Décembre 1783. *SUARD.*

Vu l'Approbation, permis d'imprimer et distribuer, ce 10 Décembre 1783.   *LE NOIR.*

www.ingramcontent.com/pod-product-compliance
Lightning Source LLC
Chambersburg PA
CBHW060138100426
42744CB00007B/825